TO:

From: Family Nordbo

Thank you!
Kiitos!

SUOMI
järvien ja metsien maa

FINLAND
i bild

FINNLAND
in Bildern

FINLAND
in Pictures

Matti A. Pitkänen

WEILIN+GÖÖS

SUOMI _järvien ja metsien maa_

FINLAND
i bild

FINNLAND
in Bildern

FINLAND
in Pictures

Tämä kirja on toimitettu Matti A.
Pitkäsen vuonna 1975 ilmestyneen
kirjan Suomalaisia kuvia pohjalta.

13. painos

Svensk översättning: Lars Hamberg
Deutsche Übersetzung: Michael Knaup
English translation: Aaron Bell

Painettu Karisto Oy:n kirjapainossa,
Hämeenlinna 1991

ISBN 951-35-2850-2

Suomi

Suomi on monessa mielessä erikoinen maa.

Maailmankartalla vain Neuvostoliitto, Norja, Kanada ja Alaska ulottuvat pohjoisemmaksi, mutta koska niitten valtiolliset keskusalueet ovat etelämpänä, Suomi kilpailee Islannin kanssa maailman pohjoisimman valtion arvonimestä. Lapista on matkaa pohjoisnavalle 2 200 km, Helsingistä päiväntasaajalle 6 600 km.

Suomi on Euroopan viidenneksi suurin valtio: pinta-alaa 337 000 km², pituutta 1 160 km. Yhteistä maarajaa on Neuvostoliiton kanssa 1 269 km, Norjan kanssa 716 km ja Ruotsin kanssa 536 km. Muualla Suomea saartavat Suomenlahti ja Pohjanlahti; merenrannikon 'suora' pituus on 1 100 km, mutta moni-ilmeisten lahtien ja niemien ansiosta todellinen rantaviiva yltää peräti 4 600 km:iin.

Koska asukkaita tässä laajassa maassa on vain 4,8 miljoonaa, väentiheys jää 15 henkeen neliökilometriä kohden; koko maapallon väentiheys on 25 henkeä neliökilometrillä. Ja kun puolet Suomen väestöstä asuu maan kolmessa lounaisimmassa läänissä, Keski- ja Pohjois-Suomi ovat todella harvaan asuttuja; Lapin läänissä riittää neliökilometrille vain kaksi asukasta. Suomalaiset ovat toden totta pohjoinen kansa: etelärannikon poikki kulkevan 60. leveyspiirin pohjoispuolella asuvista maapallon ihmisistä joka kolmas on suomalainen.

Pituudesta ja pohjoisuudesta johtuen Suomi on kasvillisuudeltaan eri osissa erilainen: Suomenlahden rannikolla on kaistale keskieurooppalaista kasvivyöhykettä jalopuineen, pohjoisimmassa Lapissa on suuria tundramaisia alueita. Suomi on maapallon metsäisimpiä maita, sillä kaksi kolmannesta pinta-alasta on hyvinvointia tuovia metsiä. Peltoa sen sijaan on vain kymmenennes, joka sekin on keskittynyt Etelä-Suomeen ja Pohjanmaalle.

Järvet ovat Suomen ylpeys: sisävesiä on kaikkiaan 31 600 km². Kun erillisiksi katsottavia järviä ja lampia on 60 000, ne muodostavat varsinkin maan etelä- ja keskiosissa maailmassa ainutlaatuisen vesien labyrintin. Yli 200 km²:n suurjärviä on 17, kun niitä muualla Euroopassa on yhteensä vain 29. — Satakilometrinen, 20 000 saaresta muodostuva Lounais-Suomen-Ahvenanmaan saaristo on sekin viehättävässä rikkinäisyydessään harvinainen maailmassa.

Suomi on vuodenaikojen maa. Kevät, kesä, syksy ja talvi tuovat vaihtelua ja värjäävät luonnon omiin väreihinsä. Suomi on valoisan kesän ja pimeän talven maa. Pohjoisimmassa Lapissa ovat yö ja päivä kahdesti vuodessa pitkät: kesällä aurinko ei laske taivaanrannan alapuolelle kahteen kuukauteen, talvella se pysyy näkymättömissä kaksi kuukautta. Kesät ovat lämpimiä, talvet leutoja — Golf-virta säätelee lämpöä.

Vanhimmat asutuslöydöt ovat heti jääkauden jälkeiseltä ajalta, 7500-luvulta eKr., mutta vielä 1500-luvulla jKr. asutus oli keskittynyt maan eteläosiin ja Pohjanlahden rantamille. Jo 1200-luvulla Ruotsi liitti suomenmaan hallintaansa, mutta myös itä halusi erämaat omikseen. Puoli vuosituhatta Suomesta on kinasteltu; itä ja länsi ovat vuorotellen lyöneet leimansa kaikkeen elämään. Suomen sodan 1808—09 jälkeen maa liitettiin Venäjään ja kun siitä muodostettiin itsenäinen suuriruhtinaskunta, kansa yhtenäistyi ja alkoi pyrkiä kohti itsenäisyyttä. Venäjän vallankumouksen pyörteissä 1917 Suomi julistautui omaksi valtiokseen. Suomen tasavalta säilytti viimeisessä maailmanpalossa itsenäisyytensä dramaattisten vaiheitten jälkeen.

Nyt pohjoinen Suomi on yllättävän elinvoimainen valtio: kansainvälisen elintason kiivaassa kamppailussa se tavoittelee maailman kymmenen rikkaimman maan ryhmää.

Finland

Finland är på många sätt ett särpräglat land.

Det är endast Sovjetunionen, Norge, Kanada och Alaska, som på världskartan sträcker sig längre mot norr, men emedan deras nationella, centrala områden ligger längre söderut, tävlar Finland med Island om äran att vara världens nordligaste rike. Från Lappland är avståndet till Nordpolen 2 200 km, från Helsingfors till ekvatorn 6 600 km.

Finland är den femte största staten i Europa; dess yta är 337 000 km² och längden 1 160 km. Den gemensamma landgränsen mot Sovjetunionen är 1 269 km, mot Norge 716 km och mot Sverige 536 km. På annat håll omringas Finland av Finska viken och Bottenviken; längden på den 'rätlinjiga' havskusten är 1 100 km, men tack vare mångskiftande vikar och uddar sträcker sig den verkliga strandlinjen upp till 4 600 km.

Emedan där i detta vidsträckta land finns endast 4,8 miljoner invånare, stannar befolkningstätheten vid 15 personer per kvadratkilometer; befolkningstätheten på hela jordklotet är 25 personer per kvadratkilometer. Då hälften av Finlands befolkning bor i landets tre, längst i sydväst belägna län, är mellersta och norra Finland verkligen glest bebodda; i Lapplands län nöjer man sig med två invånare per kvadratkilometer. Finnarna är sannerligen ett nordligt folk; av de människor som på jordklotet bor norrom den 60:de breddgraden, som skär sig fram längs sydkusten av Finland, är var tredje en finne.

På grund av sin längd och den nordliga belägenheten är växtligheten i olika delar av Finland mycket varierande: Längs Finska vikens kust finns en remsa av det mellaneuropeiska växtlighetsbältet med därtill hörande ädelträd, i nordligaste Lappland finns stora, tundraliknande områden. Finland hör till de mest skogrika områdena på jordklotet ty två tredjedelar av ytan täcks av en skog som ger välstånd. Däremot är bara en tiondedel av ytan åkerjord och också den ligger i huvudsak i södra Finland eller i Österbotten.

Sjöarna utgör Finlands stolthet; insjöarna täcker i allt 31 600 km². Emedan där finns 60 000 sjöar och träsk som kan betraktas vara fristående, bildar de speciellt i landets södra och mittersta delar en i världen helt ensamstående labyrint av vattendrag. Stora insjöar på över 200 km² finns där 17, medan deras antal på annat håll i Europa uppgår till sammanlagt endast 29. — Den tiomila skärgården mellan sydvästra Finland och Åland består av 20 000 öar och är också den, genom sin hänförande splittring, enastående i världen.

Finland är ett årstidernas land. Våren, sommaren, hösten och vintern ger här omväxling och färgar naturen med sina särpräglade kulörer.

Finland är den ljusa sommarens och den mörka vinterns land. I det nordligaste Lappland är natten och dagen lång, två gånger per år; om sommaren går solen inte ned bakom horisonten under två månaders tid, om vintern håller den sig osynlig i två månader. Somrarna är varma, vintrarna är milda. — Golfströmmen reglerar värmen.

De tidigaste boplatsfynden härstammar från tiden omedelbart efter istiden, från 7500-talet f.Kr., men ännu på 1500-talet e.Kr. var bosättningen koncentrerad till landets sydliga delar och till kusterna vid Bottenviken. Redan på 1200-talet införlivade Sverige det finska riket i sin besittning, men också från öster ville man få dessa ödemarker i sin ägo. I ett halvt årtusende har man gnabbats om Finland; öst och väst har turvis lagt sin prägel på hela tillvaron här. Efter Finska kriget 1808—09 införlivades landet med Ryssland och då man sedan bildade ett självständigt storfurstendöme av landet, förenhetligades folket och begynte sträva mot självständighet. I ryska revolutionens virvlar 1917 proklamerades Finland till ett självständigt rike. Republiken Finland behöll under den senaste världsbranden sin självständighet efter dramatiska skeden.

Nu är det nordliga Finland en stat med överraskande livskraft; i den häftiga kampen om levnadsstandard närmar den sig gruppen av de tio rikaste länderna i världen.

Finnland

Finnland ist in vieler Hinsicht ein besonderes Land.

Auf der Weltkarte erstrecken sich nur die Sowjetunion, Norwegen, Kanada und Alaska weiter nach Norden. Die zentralen Regionen dieser Länder liegen aber weiter südlich, deshalb wetteifert Finnland mit Island um den Rang des nördlichsten Staates der Welt. Von Lappland bis zum Nordpol sind es 2 200 km, von Helsinki bis zum Äquator 6 600 km.

Finnland ist mit einer Fläche von 337 000 km^2 und einer Länge von 1 160 km der fünftgrösste Staat in Europa. Die gemeinsame Grenze mit der Sowjetunion ist 1 269 km lang, die mit Norwegen 716 km und die mit Schweden 536 km. Die übrigen Grenzen bilden der Finnische und der Bottnische Meerbusen; die 'gerade' Uferlinie ist 1 100 km lang, aber wegen der vielen Buchten und Halbinseln beträgt die wirkliche Länge 4 600 km.

Da in diesem grossen Land nur 4,8 Millionen Menschen leben, liegt die Bevölkerungsdichte bei unter 15 Einwohnern pro Quadratkilometer; auf dem ganzen Erdball liegt sie bei 25 Einwohnern pro Quadratkilometer. Und da die Hälfte der finnischen Bevölkerung in den drei südwestlichen Provinzen lebt, sind Mittel- und Nordfinnland wirklich dünnbesiedelt. In Lappland leben auf einem Quadratkilometer nur 2 Einwohner. Die Finnen sind wahrhaftig ein 'nordisches' Volk: von den Menschen, die nördlich des 60. Breitengrades leben, ist jeder dritte ein Finne.

Wegen der Ausdehnung und der nördlichen Lage haben die verschiedenen Landesteile eine verschiedene Pflanzenwelt: an der Küste des Finnischen Meerbusens zieht sich ein Streifen mitteleuropäischer Vegetation mit Edelhölzern entlang, im nördlichsten Lappland findet man weite Tundragebiete. Finnland gehört zu den waldreichsten Ländern der Welt, denn zwei Drittel des Landes sind von Wäldern bedeckt, die den Wohlstand sichern. Nur ein Zehntel der Fläche ist Ackerland, vor allem in Südfinnland und Pohjanmaa.

Finnland ist stolz auf seine Seen: die Fläche der Binnengewässer beträgt insgesamt 31 600 km^2. Die 60 000 Seen und Teiche bilden besonders in den südlichen und mittleren Landesteilen ein in der Welt einzigartiges Wasserlabyrinth. Es gibt 17 über 200 km^2 grosse Seen, im ganzen übrigen Europa gibt es nur 29. — Auch das lange Schärengebiet Südwestfinnland — Ahvenanmaa, das aus 20 000 Inseln besteht, ist in seiner Zerrissenheit einmalig auf der Welt.

In Finnland unterscheiden sich die Jahreszeiten deutlich voneinander. Frühling, Sommer, Herbst und Winter geben der Natur jeweils ein anderes Aussehen. Der Sommer ist hell, der Winter dunkel. Im nördlichsten Lappland gibt es einen langen Tag und eine lange Nacht: im Sommer verschwindet die Sonne zwei Monate lang nicht hinter dem Horizont, im Winter ist sie zwei Monate lang nicht zu sehen. Die Sommer sind warm, die Winter wegen des Golfstroms mild.

Die ältesten Funde deuten auf eine Besiedlung gleich nach der Eiszeit hin, sie stammen aus der Zeit um 7500 v.Chr., aber noch um 1500 n.Chr. konzentrierte sich die Besiedlung auf die südlichen Landesteile und die Küste des Bottnischen Meerbusens. Finnland wurde bereits im 13. Jahrhundert Schweden angegliedert, aber auch im Osten war man an diesen Einödgebieten interessiert. Der Streit um Finnland dauerte ein halbes Jahrtausend, Ost und West gaben abwechselnd allem ihr Gepräge. Nach dem Finnischen Krieg 1808—09 wurde das Land Russland angegliedert und zu einem autonomen Grossfürstentum. Allmählich erwachten das Nationalgefühl und der Wunsch nach Unabhängigkeit. Während der Wirren der Revolution 1917 erklärte Finnland seine Unabhängigkeit. Auch nach den dramatischen Ereignissen des letzten Weltkriegs bewahrte die Republik Finnland ihre Unabhängigkeit.

Heute zeichnet sich Finnland durch erstaunliche Vitalität aus: im internationalen Kampf um den Lebensstandard strebt es einen Platz unter den ersten Zehn an.

Finland

As a country Finland is in many ways special.

On the map of the world there are countries the territory of which extends farther north — the Soviet Union, Norway, Canada, and the United States too, (since it includes Alaska) — but the central areas of political importance of these countries lie farther south, so Finland competes with Iceland for the honor of being the northernmost country of the world. The distance from Lapland to the North Pole is 2,200 kilometers, from Helsinki to the equator is 6,600 kilometers.

Finland is the fifth largest country in Europe: its surface area is 337,000 square kilometers, its length is 1,160 kilometers. The common land boundary of Finland with the Soviet Union is 1,269 kilometers in length, with Norway 716 kilometers, and with Sweden 536 kilometers. On the south and west Finland is also bounded by the Gulf of Finland and the Gulf of Bothnia; the 'straight' length of the sea-coast of Finland is 1,100 kilometers, but because of the many bays and capes the actual coastline extends for over 4,600 kilometers.

Since there are only 4.8 million inhabitants in this extensive country, the density of population is only 15 persons per square kilometer; the average density of population on the earth is 25 persons per square kilometer. And since half of the population of Finland live in three southwestern provinces, central and northern Finland are, in fact, sparsely populated; the province of Lapland has only two inhabitants per square kilometer. The Finns are really a northern people — of all the people on this earth who live north of the 60th parallel, which is the latitude of the southern coast of Finland, one out of three is Finnish.

Because Finland is so long and extends so far North, the flora is different in different parts of the country. On the coast of the Gulf of Finland there is a strip of a Central European botanical zone including oaks and maple trees; in northernmost Lapland there are vast tundra areas. Finland is among the most forested countries of the world; two-thirds of its surface area is made up of forests, which are the basis of the country's economy. Only one-tenth of the area is cultivated fields, and even that area is concentrated in southern Finland and in Ostrobotnia, the western coast area.

Lakes are Finland's pride — the inland waters of Finland cover a total of 31,600 square kilometers. As separate units the lakes and ponds number 60,000, but they form a continuous labyrinth of waters — unique in the world — especially in the southern and central regions of the country. There are 17 large lakes of more than 200 square kilometers in area; elsewhere in Europe there are a total of only 29 lakes of this size. — The archipelago of southwestern Finland and the Åland Islands, consisting of 20,000 islands and extending over a hundred kilometers, is in its charming fragmented ruggedness rare in the world.

Finland is a country of changing seasons. Spring, Summer, Fall and Winter each bring variety, and each colors nature with its own characteristic colors.

Finland is a country with a bright summer and a dark winter. In northernmost Lapland there is a period of two months in the summer when the sun does not set below the horizon at all, and there is a period of two months in the winter when the sun does not appear at all. The climate of Finland is such that the summers are warm, the winters comparatively mild — the Gulf Stream provides warmth.

The oldest archeological findings giving evidence of settlement in Finland date from the period immediately after the ice age, around 7500 B.C., but as late as the sixteenth century A.D. settlement in Finland was concentrated in the southern parts of Finland and on the coast of the Gulf of Bothnia. In the thirteenth century A.D. Sweden annexed the area of Finland to the territory under Swedish rule, but the East also craved the same wilderness areas for its own. For half a millenium Finland was fought over; East and West in turn imprinted their stamp on all life in Finland. After the War of Finland, 1808—09, the whole country was annexed to Russia, and as Finland became an autonomous Grand Duchy the Finnish people became aware of their unity and began to strive toward independence. In the turmoil of the Russian Revolution Finland in 1917 declared itself and independent state. The Republic of Finland preserved its independence in the conflagration of the last world war, after dramatic vicissitudes.

At present this northern country, Finland, is a state with surprisingly great vitality: in the heated international competition for a higher standard of living it is aiming at a position among the ten richest countries in the world.

Suomen ensimmäiset asukkaat ottivat elantonsa riistametsistä ja kalavesistä, mutta vähitellen oli ryhdyttävä viljelemään karua, kituliasta maata. Aluksi poltettiin kaskea: kaadettiin metsä, sytytettiin tuleen ja kylvettiin muutamana vuotena tuhkaan siemen, kunnes kaski muuttui karjan laitumeksi ja alkoi myöhemmin kasvaa koivikkoa. Lopuksi syntyivät pysyvät pellot, jotka nyt läikittävät Suomen enimmiltään metsäistä maata.

Suomen kansan rakkaat sankarit, Aleksis Kiven luomat seitsemän veljestä, elivät vaihettumisen aikaa, temmelsivät nykyisen Uudenmaan asutuksen reunamilla, polttivat kaskea, pakenivat metsiin, mutta vakiintuivat sitten ja ryhtyivät perheineen viljelemään peltoa. Kirjailijat, taiteilijat, säveltäjät ovat aina ammentaneet luonnosta sisältöä luomiseensa: myös tunnetuimman suomalaisen taiteen luojan, Jean Sibeliuksen töitä hallitsee luonto.

Finlands första bebyggare fick sin utkomst genom jakt i skogarna och fiske i sjöarna, men småningom var man nödd att börja odla den karga, torftiga jorden. Först brände man sved, man fällde skog tände eld på den och sådde några år frön i askan, tills sveden blev betesmark för boskapen. Senare växte där upp björkskog. Till slut fick man åkerjord, fläcklika inslag i Finlands främst skogiga terräng.

Det finska folkets kära hjältar, Aleksis Kivis sju bröder, levde i brytningstiden, tumlade om i gränstrakterna tilla nutida bosättningsområden i Nyland, brände sved, flydde till skogs, men stadgade sig sedan och började med sina familjer odla jorden. Författarna, konstnärerna, kompositörerna har alltid inspirerats av naturen vid sitt skapande; också den bäst kända av dem, Jean Sibelius visar i sina verk att han mästerligt behärskar Finlands växlande natur.

Die ersten Bewohner Finnlands lebten von Jagd und Fischfang, aber allmählich gingen sie dazu über, das unergiebige Land zu bebauen. Zuerst wurden Bäume gefällt und das Gelände in Brand gesteckt, danach streute man einige Jahre lang Saat in die Asche, bis sich das gerodete Gebiet in Weideland verwandelte. Zum Schluss entstanden Felder, die heute überall in der Landschaft verstreut liegen.

Die von Aleksis Kivi geschaffenen Sieben Brüder lebten in dieser Zeit des Umbruchs, sie trieben sich in den Randgebieten des heutigen Uusimaa herum, wurden zum Schluss aber sesshaft und begannen, Ackerbau zu betreiben. Schriftsteller, Komponisten und andere Künstler haben zu allen Zeiten den Stoff für ihre Werke aus der Natur geschöpft. Auch in den Arbeiten von Jean Sibelius stellt die abwechslungsreiche Natur ein vorherrschendes Motiv dar.

The first inhabitants in Finland lived by hunting and fishing but they gradually began to cultivate the land. It was at first necessary to fell the trees and to burn the brush and to sow seed for several years in the ashes until the land became suitable for pasture for cattle and finally for fields which now are scattered throughout the whole of forestdominated Finland.

The beloved fictional heroes of the Finnish people, the Seven Brothers created by Aleksis Kivi, lived through a transition-time in the border-area of settlement of the present province of Uusimaa until they finally settled down and became respectable farmers. The creative artists of Finland have always drawn their inspiration from nature, as for example Jean Sibelius.

Aleksis Kivi syntyi v. 1834 **Nur-mijärven** Palojoella. Kiven oma aika ei ymmärtänyt mestariaan, sammutti luomistyön tyystin. Kivi kuoli v. 1872 vain 38-vuotiaana, yksinäisenä, hylättynä, mielisairaana Tuusulassa sijaitsevassa mökkipahasessa, joka suorastaan pakottaa vieraan hiljentymään.

Hämeenlinnassa v. 1865 syntyneen säveltäjämestari **Jean Sibeliuksen,** koko maailman tunteman romantikon, suomalaiskansallisten aiheiden tulkitsijan, ensimmäinen suurtyö oli v. 1892 valmistunut Kullervo. Kuuluisimman sävellyksensä, Finlandian, mestari loi vaikeina routavuosina v. 1899. Myös ensimmäinen sinfonia syntyi samana vuonna, viimeinen, seitsemäs, v. 1924. Luomistyö loppui v. 1931.

Kuvanveistäjä Eila Hiltusen **Sibelius-monumentti** on **Helsingissä** säveltäjän nimeä kantavassa puistossa.

Sibelius asui v:sta 1904 lähtien **Järvenpään Ainolassa** aina kuolemaansa, v:een 1957 asti.

Aleksis Kivi föddes år 1834 i Palojoki, i **Nurmijärvi.** Kivis egen tid förstod inte mästaren, släckte skapararbetet helt. Kivi dog år 1872, endast 38-årig, ensam, försmådd, sinnesrubbad i en usel kåkbyggnad i **Tusby** där besökaren inte kan annat än respektfullt tiga.

Tonsättarmästaren **Jean Sibelius,** född år 1865 i Tavastehus är en romantiker, känd över hela världen, en tolkare av finsknationella motiv. Hans första storverk var Kullervo som färdigställdes år 1892. Sin berömdaste komposition, Finlandia, skapade mästaren under de svåra froståren 1899. Första symfonin kom till samma år och den sista, den sjunde år 1924. Sibelius skapande arbete ebbade ut 1931. Skulptrisen Eila Hiltunens **Sibelius-monument** står i **Helsingfors** i den park som bär Sibelius namn.

Han bodde efter 1904 i **Ainola** i **Järvenpää** ända till sin död år 1957.

Aleksis Kivi wurde 1834 im Dorf Palojoki in **Nurmijärvi** geboren. Kivis Zeitgenossen verstanden ihn nicht, und der Schriftsteller starb 1872, erst 38-jährig, einsam, verstossen und geisteskrank in einer elenden Hütte in **Tuusula** die den Besucher heute schaudernd verstummen lässt.

Der 1865 in Hämeenlinna geborene Komponist **Jean Sibelius** vollendete 1892 sein erstes grosses Werk Kullervo. Sein berühmtestes Werk Finlandia schuf er 1899 während der Jahre der russischen Unterdrückung. Die erste Symphonie entstand im selben Jahr und die letzte, die siebente, 1924. Die schöpferische Arbeit des Komponisten endete 1931.

Das **Sibelius-Monument** der Bildhauerin Eila Hiltunen steht in **Helsinki** im Sibelius-Park. Sibelius wohnte seit 1904 bis zu seinem Tod 1957 im Haus **Ainola in Järvenpää.**

Aleksis Kivi was born in 1834 in the village of Palojoki in **Nurmijärvi.** Kivi was not understood or appreciated by his contemporaries and he died in 1872, only 38 years old, alone, rejected and mentally ill. The house in which he died was a miserable hut in **Tuusula** which has a melancholy effect on visitors.

Jean Sibelius, the world-famous Finnish master-composer, was born in Hämeenlinna in 1865. He was a romantic, an interpreter of the Finnish national tradition. His most famous work, Finlandia, was composed in 1899 during a difficult period for Finland. His first symphony appeared also that same year and the last, the Seventh, in 1924. He stopped composing in 1931.

There is a **Sibelius Monument** by the sculptress Eila Hiltunen in the park in **Helsinki** named after the composer.

Sibelius lived from 1904 until his death in 1957 in **Ainola** in **Järvenpää.**

Helsinki on Suomen pääkaupunki. Asukkaita kaupungissa on puolisen miljoonaa.
Tasavallan presidentin linna kohoaa meren äärellä, kaupungin lämminhenkisen Kauppatorin laidalla. Presidentin virka- ja edustusasunto rakennettiin alun perin v. 1818 kauppiastaloksi, mutta muutettiin myöhemmin keisarilliseksi palatsiksi; tuoreimmat uudistukset on tehty 1970-luvulla. Linnaan keskittyvät tärkeimmät valtiolliset juhlat, suurimpana vuosittainen itsenäisyyspäivän vastaanotto.

Helsingfors är Finlands huvudstad. Stadens invånarantal är omkring en halv miljon.
Republikens presidents slott reser sig invid havet, vid kanten av stadens vänligt leende Salutorg. Presidentens tjänste- och representationsvåning byggdes ursprungligen år 1818 för en handlande, men ändrades senare till kejserligt palats, senast renoverades huset på 1970-talet. Till slottet koncentreras de viktigaste statliga festerna, störst bland dem den årligen anordnade mottagningen på självständighetsdagen.

Helsinki ist die Hauptstadt von Finnland. Die Stadt hat etwa eine halbe Million Einwohner.
Das Schloss des Präsidenten der Republik ragt am Rande des stimmungsvollen Marktplatzes empor. Die Dienst- und Repräsentationswohnung des Präsidenten wurde 1818 als Kaufmannshaus errichtet, aber später zum Kaiserpalast umgebaut. Im Schloss werden die wichtigsten Staatsfeste arrangiert, das grösste davon ist der alljährliche Empfang am Unabhängigkeitstag.

Helsinki is the capital city of Finland. There are about half a million inhabitants in the city.
The **Castle of the President of the Republic** is at the edge of the sea and near the busy Market Square. The building which now serves as the official residence and office of the President was originally built in 1818 as the house of a merchant and was then later adapted as an imperial palace; the most recent changes were made during the 1970's. The Castle is used for the most important State ceremonies.

Ihminen lähestyy, lämpenee kesäpäivänä Helsingin **Kauppatorilla** kukkaloiston, tuoreiden hedelmien ja kasvisten, kalan ja merentuoksun tunnelmassa. Värikkäänä erikoistapahtumana ovat syksyiset silakkamarkkinat. Ystävällisen kojumaailman kehyksinä ovat v. 1833 rakennettu kaupungintalo, presidentin linna, 13-kupolinen Uspenskin katedraali ja sen juurella Enso Gutzeit Oy:n pääkonttori.

Människan kommer oss närmare, blir varm, en sommardag på **Salutorget** i Helsingfors där stämningen blandas av blomsterfröjd, färsk frukt, grönsaker, fisk och havsdoft. Ett färgrikt inslag utgör också strömmingsmarknaden varje höst. Som en ram till den vänliga byn av salustånd står stadshuset, presidentens slott, Uspenski-katedralen med sina 13 kupoler och vid foten av den, Enso Gutzeit Ab:s huvudkontor.

Die Menschen kommen einander näher, wenn sie sich an warmen Sommertagen auf dem **Marktplatz** von Helsinki inmitten von leuchtenden Blumen, frischem Obst und Gemüse, Fisch und würziger Meeresluft treffen. Diese anziehende Welt der Verkaufsbuden ist umrahmt vom 1833 erbauten Stadthaus, dem Präsidentenschloss, der Uspenski-Kathedrale mit ihren 13 Kuppeln und dem Hauptkontor der Enso-Gutzeit Oy.

People are approachable and approach one another in the warm summer day of the **Market Square** in Helsinki among the flowerstands, fruit-and-vegetable stands, the fish-stands and the smell of the sea. The teeming throngs are given a backdrop by the City Hall, the President's Castle, the Uspenski Cathedral with its 13 cupolas and the main office of Enso Gutzeit at he foot of the cathedral hill.

Akateemikko Alvar Aallon suunnittelema, v. 1971 valmistunut Helsingin konsertti- ja kongressikeskus **Finlandia-talo** sijaitsee kaupungin sydämessä Töölönlahden rannalla tasakattoisen eduskuntatalon ja terävätornisen Kansallismuseon naapurina. Marmorin ja harmaan graniitin hallitsemassa kompleksissa on 1 700 hengen konserttisali, 350 hengen kamarimusiikkisali, 1 300 hengen kongressihuoneosa ja 300 hengen ravintola.

Helsingfors' konsert- och kongresscentrum, **Finlandia-huset** av år 1971, med akademiker Alvar Aalto som planläggare, ligger i stadens hjärta vid Tölöviken, som granne till Riksdagshuset med dess flata tak och Nationalmuseet med dess spetsiga torn. Komplexet, dominerat av marmor och grå granit, rymmer en konsertsal för 1 700 personer, en kammarmusiksal för 350, en avdelning för kongresser på upp till 1 300 personer och en restaurang för 300 gäster.

Das von Alvar Aalto entworfene und 1971 fertiggestellte Konzert- und Kongresszentrum Helsinkis, das **Finlandia-Haus,** liegt mitten in der Stadt in der Nähe des Parlamentsgebäudes und des Nationalmuseums. In dem vorwiegend aus Marmor und grauem Granit gebauten Komplex befinden sich ein Konzertsaal für 1 700 Personen, ein Kammermusiksaal für 350 Personen, eine Kongressabteilung für 1 300 Personen sowie ein Restaurant für 300 Personen.

The **Finlandia House,** the concert and conference center of Helsinki, designed by the Member of the Finnish Academy Alvar Aalto and completed in 1971, is located on the bank of the Töölö Bay in the heart of the city, its neighboring buildings being the flat-roofed Parliament House and the sharptowered National Museum. The whole complex includes a concert-hall seating 1,700 people, a chamber-music hall for 350, a congress-hall for 1,300 and a restaurant seating 300.

V. 1969 valmistuneesta **Temppe-liaukion kirkosta** kohoaa kohti taivaita vain louhintakivisen muurin ympäröimä kuparista ja lasista rakennettu kupoli. Timo ja Tuomo Suomalaisen suunnittelema 630 hengen kirkko on louhittu peruskallioon, joka yhdessä betonin kanssa muodostaa kirkkosalin kehyksen. Hyvän akustiikkansa takia kirkko on suosittu myös konserttien pitopaikkana.

I **Tempelplatsens kyrka** av år 1969 är det endast en av koppar och glas byggd kupol som reser sig mot himlen omringad av en mur av sprängsten. Kyrkan, planerad av Timo och Tuomo Suomalainen, rymmer 630 personer. Den är insprängd i urberget, som samman med betong bildar en ram för kyrkorummet. På grund av sin goda akustik är kyrkan ofta använd också som koncertsal.

Von der 1969 fertiggestellten **Kirche am Temppeliaukio** ragt nur die aus Kupfer und Glas gebaute Kuppel zum Himmel empor. Die von Timo und Tuomo Suomalainen entworfene Kirche für 630 Personen ist direkt in den ausgesprengten Felsgrund gebaut worden, der zusammen mit Beton den Rahmen für den Kirchensaal bildet. Wegen der guten Akustik werden in der Kirche auch viele Konzerte veranstaltet.

The walls of the **Taivallahti Church** in **Temple Place** in Helsinki consist of the sheer rock into which the construction was placed, while the roof is a cupola of copper and glass. This remarkable church, completed in 1969, was designed by Timo and Tuomo Suomalainen to hold a congregation of 630 persons. It was carved directly out of the base-rock which, faced with cement, provided the floor of the central hall of the church as well as the surrounding walls.

Olympiastadion rakennettiin jo vuodeksi 1940, mutta sodat siirsivät Helsingin Olympiakisat vuoteen 1952. Urheilupyhätössä on tilaa 50 000 hengelle. Yli 70 m korkea torni näyttää edustavasti kaupungin näkymiä; stadionin siipirakennuksessa on urheilumuseo. Joka toinen vuosi stadionilla järjestettävä Suomen ja Ruotsin välinen yleisurheilumaaottelu on urheiluväen todellinen kansanjuhla, katsomon täyttäjä.

Olympiastadion byggdes redan för år 1940, men krigen framflyttade de olympiska spelen i Helsingfors till år 1952. I sporthelgedomen finns plats för 50 000 åskådare. Från det 70 m höga tornet syns stadens sevärdheter. I en flygelbyggnad finns ett sportmuseum. Vartannat år anordnas på Stadion en tävling i friidrott mellan Sverige och Finland, en folkfest för idrottsfantaster som fyller läktarna.

Das **Olympiastadion** wurde schon für das Jahr 1940 gebaut, aber wegen des Krieges musste man die Olympischen Spiele auf 1952 verschieben. In diesem Stadion ist Platz für 50 000 Zuschauer. Vom über 70 m hohen Turm hat man eine wunderschöne Aussicht über die Stadt. Der jedes zweite Jahr veranstaltete Leichtathletikländerkampf zwischen Finnland und Schweden ist ein wahres Volksfest, und die Tribünen sind brechend voll.

The **Olympic Stadium** was built for the 1940 Olympics but the outbreak of war shifted the games to 1952. There is room for 50,000 spectators in this shrine of sport. The sights of the city can be seen from the tower, over seventy meters high. The wing-structure is a sports museum. Every other year there is a match between Finland and Sweden here which constitutes a "must" for the sports-lovers of both nations and the stands are always absolutely full.

Katajanokan korkeimmalla kalliolla kohoava **Uspenskin katedraali** on Suomen suurin ortodoksinen kirkko. V. 1868 valmistuneessa, venäläisen arkkitehdin A.M. Gornostajeffin piirtämässä kirkossa on penkittömän pääsalin etuosassa ikonostaasi eli kuvaseinä, joka erottaa salista maallikoilta kielletyn alttariosan. Neitsyt Marialle pyhitetyn kirkon ikonit on tavanomaisten luonnonvärien asemesta maalattu öljyväreillä.

På Skatuddens högsta berg reser sig **Uspenski-katedralen** av år 1868, den största ortodoxa kyrkan i Finland ritad av de ryske arkitekten A.M. Gornostajeff. I den främre delen av det bänklösa kyrkorummet ser vi en ikonostas eller en bildvägg som avskiljer salen från altardelen, förbjudet område för besökaren. Ikonerna i den åt jungfru Maria helgade kyrkan är målade med oljefärg i stället för vanliga naturfärger.

Die auf dem höchsten Felsen von Katajanokka emporragende **Uspenski-Kathedrale** ist die grösste orthodoxe Kirche in Finnland. In der 1868 fertiggestellten, von dem russischen Architekten A.M. Gornostajeff entworfenen Kirche befindet sich im Vorderteil des Hauptschiffs, in dem es keine Bänke gibt, eine Ikonenwand, die den Saal von dem für Laien verbotenen Altarraum abtrennt. Die Ikonen in dieser der Jungfrau Maria geweihten Kirche sind mit Ölfarben gemalt.

The **Uspenski Cathedral** standing on the high rock-hill of Katajanokka is Finland's largest Orthodox church. Designed by the Russian architect A.M. Gornostajeff and completed in 1868, the church has a main hall without benches in the front of which an ikonostase or picture-covered wall separates the altar-section which is forbidden to laymen from the rest of the hall. The icons of the church, which is dedicated to the Virgin Mary, are painted in oils instead of in the ordinary natural pigments.

Helsinki on merellinen kaupunki. Kautta vuoden, myös läpi jäitten jatkuu autolauttaliikenne mm. Ruotsiin ja Saksan Liittotasavaltaan. Matkailija voi mereltä tutkiskella arkkitehti C.L. Engelin luomaa Helsingin monumentaalista keskustaa, jonka rannimmaisina rakennuksina kohoavat kaupungintalo ja presidentin linna. Ylimmäksi nousee vuonna 1852 valmistunut tuomiokirkko.

Helsingfors är en stad, präglad av havet.
Hela året, också då havet är is-belagt, fortgår trafiken med bilfärjor till bl.a. Sverige och Tyska förbundsrepubliken. Resenären kan från havssidan betrakta det av arkitekt C.L. Engel skapade centrala, monumentala Helsingfors. De byggnader som reser sig närmast kajerna är stadshuset och presidentens slott. Ovan dem reser sig den år 1852 färdigbyggda domkyrkan.

Helsinki ist eine Stadt am Meer. Das ganze Jahr über verkehren Autofähren u.a. nach Schweden und Westdeutschland. Der Tourist kann vom Meer aus das monumentale Zentrum, eine Schöpfung des Architekten C.L. Engel, bewundern. Nahe am Ufer befinden sich das Stadthaus und das Schloss des Präsidenten, am höchsten ragt die 1852 fertiggestellte Domkirche empor.

Helsinki is a maritime city. The auto-ferry traffic to Sweden, the Federal Republic of Germany and other countries continues without interruption throughout the year, even when there is ice. Approaching Helsinki by sea, the traveller can admire the monumental center of Helsinki, designed by the architect C.L. Engel. The City Hall and the Palace of the President are the buildings closest to the harbour shore. The Cathedral, completed in 1852, towers above them.

Järvet jäätyvät Pohjois-Suomessa lokakuussa ja Etelä-Suomessa marraskuussa. Jäät lähtevät etelässä huhtikuussa ja pohjoisessa toukokuussa. Suuret selkävedet jäätyvät ja sulavat kuukauttakin myöhemmin kuin pikkujärvet. Ammattikalastajat käyttävät jäiden aikana nuottia, verkkoja, rysiä, katiskoja ja syöttikoukkuja — harrastelijat pilkkivät. Pilkkiminen on saanut välillä kansanliikkeen muodot: kilpailuihin, joissa on palkintoina jopa autoja, ottaa usein osaa tuhansia pilkkijöitä. Lajissa järjestetään myös maaotteluja mm. Ruotsia ja Neuvostoliittoa vastaan. Mutta yleensä pilkkiminen on leppoisa harrastus istumisineen ja eväiden syömisineen, vaikka reiän kairaaminen joskus metrinkin paksuun jäähän vaatii voimaa ja taitoa. Yleisin saalis on ahven, mutta myös hauki, joskus myös taimen, siika, kuha ja made iskevät pilkkiin. Talven erikoisimpia, karaisevimpia harrastuksia on avantouinti, joka liittyy yleensä saunomiseen.

Sjöarna fryser i oktober i norra Finland och i november i södra Finland. Isen går upp i april i söder, i maj i norr. De vida insjöarna fryser och smälter ända upp till en månad senare än de små. Yrkesfiskarna använder, sedan isen lagt sig not, garn, ryssja och gäddkrokar — hobbyfiskarna använder pimpel. Detta sätt att fiska har ibland fått karaktär av en folkrörelse. Tusentals pimpelfiskare tar del i tävlingar där prisen kan bestå t.o.m. av bilar. I denna sportgren ordnas också landskamper bl.a. mot Sverige och Sovjet. Men i allmänhet är pimpelfisket en vilsam hobby, man sitter, spisar matsäckens gåvor, men att borra upp hålet i ofta metertjock is kan kräva kraft och kunskap. Det vanligaste bytet är abborre, men också gäddan, ibland laxöringen, siken, gösen och laken kan hugga i pimpeln. Till vinterns mest speciella, härdande hobbyn, hör badandet i isvak, i allmänhet förbundet med sauna-besök.

Die Seen frieren in Nordfinnland im Oktober und in Südfinnland im November zu. Das Eis beginnt im Süden im April und im Norden im Mai zu schmelzen. Die grossen Wasserflächen frieren ca. einen Monat später als die kleinen zu, und das Eis taut mit derselben Verspätung auf. Die berufsmässigen Fischer verwenden während dieser Zeit Schleppnetze, Reusen, Fischzäune und Köder — die Amateure angeln am Eisloch. Diese Art des Fischens hat inzwischen die Form einer Volksbewegung angenommen: an den Wettbewerben nehmen oft viele tausend Eisangler teil. In dieser Sportart werden sogar Länderkämpfe veranstaltet. Im allgemeinen ist das Eisangeln mit dem langen Sitzen und dem Verzehren des mitgebrachten Proviants eine gemütliche Beschäftigung, obwohl das Bohren des Loches durch die manchmal einen Meter dicke Eisschicht Kraft und Geschick erfordert. Die gewöhnlichste Beute ist der Barsch, aber manchmal beissen auch Hechte, Grauforellen, Schnäpel, Zander oder Aalraupen an. Zu den besonders abhärtenden Übungen des Winters gehört das Schwimmen im Eisloch, das sich im allgemeinen ans Saunabaden anschliesst.

In North Finland the lakes freeze over in October and in South Finland in November. The ice has melted in the south by April and in the north by May. The larger lakes freeze and melt a month later than the little lakes. The professional fishermen in wintertime use nets, traps, weirs, fykes, baited hooks; amateurs use shallow-bottom hooks. This latter avocation has reached the proportions of a national movement with competitions, sometimes with automobiles as the prizes, in which thousands participate. Matches are organized with other countries, for example Sweden and the Soviet Union. But in general fishing through a hole in the ice is a quiet solitary way of spending time, the high point of which may be eating the sandwiches one has brought along. Boring the hole in the ice, which may be a meter thick, requires skill and strength. The most usual catch is perch, although pike, trout, whitefish, and burbot sometimes take the hook. Among the especially rugged activities pertaining to winter is swimming through an opening in the ice, usually done in connection with taking a sauna.

Hiihto on suomalaisen ikivanha, muinoin talvisen luonnon välttämättä vaatima kulkutapa. Kaupungistuva, fyysisesti surkastuva nykyihminen on hylkäämässä sukset, mutta vielä riittää Suomessa sujuttelijoita. Ja houkuttamassa ovat esimerkiksi kansanhiihdot, joita on järjestetty yli 30 vuotta.

Skidandet är finnarnas uråldriga och fordom vintertid naturnödtvungna sätt att färdas. Nutidsmänniskan, urbaniserad, fysiskt förtvinad håller på att överge skidorna, men ännu finns i Finland de, som gärna glider fram. Det som lockar är bl.a. folkskidningarna, som anordnats i mer än 30 års tid.

Skilaufen ist eine uralte Fortbewegungsart der Finnen. Der in der Stadt verweichlichte Mensch von heute fängt an, die Skier zu verschmähen, aber vorläufig gibt es in Finnland noch genug begeisterte Skiläufer. Die Volksläufe, die seit über 30 Jahren veranstaltet werden, sind z.B. ein starker Anreiz.

Skiing is an old Finnish form of transportation required by the nature of winter. The city-people no longer grow up with knowing how to ski taken for granted but there are still plenty of enthusiastic skiers. Mass-skiing has been organized for over 30 years.

Suomen toiseksi vanhimman kaupungin, v. 1346 perustetun **Porvoon** puutalot ovat sijoittuneet kuin turvaa etsien v. 1418 valmistuneen goottilaistyylisen kirkon ja 1700-luvulta peräisin olevien Vanhan raatihuoneen ja tuomiokapitulin rakennuksen juureen. Ranta-aittojen rivi Porvoonjoen partaalla on sattumanvaraisen rakennustaiteen ihmeteltävän onnistunut kokonaisuus. Tulipalo on kautta aikojen ollut vanhojen puukaupunkien pahin vihollinen; ahneimmin liekit ovat syöneet Turkua ja Vaasaa. Jäljellä on kuitenkin vielä monia erikoisia kaupunginosia. Tammisaaressa, Raumalla, Kristiinankaupungissa, Kokkolassa ja Kuopiossa on yhä kapeiden katujen ja seinä seinää vasten asettuneiden talojen idylliä.

Trähusen i Finlands nästäldsta stad, **Borgå,** grundad 1346, har placerat sig om sökte de skydd av den 1418 färdigställda kyrkan i gotisk stil, samt vid foten av Gamla rådhuset från 1700-talet och domkapitlets byggnad. Strandbodarnas rad längs Borgå å visar en förundransvärt lyckad helhet med hänsyn till det slumpartade byggandet på den tid de restes.
Elden har i alla tider varit de gamla trästädernas värsta fiende, mest glupskt har lågorna i Finland slukat Åbo och Vasa. Kvar står dock alltjämt många särpräglade stadsdelar i vilka människans kontakt med människor varit intim. I Ekenäs, Raumo, Kristinestad, Gamlakarleby och Kuopio existerar ännu idyller med smala gränder och hus som står vägg mot vägg.

Die Holzhäuser der zweitältesten Stadt Finnlands **Porvoo** (Gründungsjahr 1346) liegen gleichsam schutzsuchend am Fuss der 1418 fertiggestellten Kirche und der aus dem 18. Jahrhundert stammenden Gebäude des Alten Rathauses und des Domkapitels. Die Reihe der Speicherhäuser am Ufer des Porvoonjoki stellt das bewundernswerte Beispiel einer zufällig entstandenen baukünstlerischen Gesamtheit dar. Das Feuer ist von jeher der schlimmste Feind der alten Holzstädte gewesen. In Finnland haben die Flammen Turku und Vaasa am meisten heimgesucht. Trotzdem sind noch viele Stadtteile erhalten geblieben, in denen ein enger Kontakt zwischen den Menschen bestand. In Tammisaari, Rauma, Kristiinankaupunki, Kokkola und Kuopio findet man weiterhin idyllisch enge Strassen und Wand an Wand gedrängte Häuser.

The wooden houses of Finland's second oldest city, **Porvoo,** founded in 1346, cluster around the Gothic-style church completed in 1418 and the Old Townhall and Cathedral from the 1700's. The row of river-bank sheds along the Porvoo River is one of the lucky accidents of the art of architecture. Throughout the ages fire has been the worst enemy of the old wooden cities. The most destructive fires were those which consumed Turku and Vaasa. But there are still many cities where there are sections with narrow streets and wooden houses set close together, wall to wall in the oldfashioned idyllic way — Tammisaari, Rauma, Kristiinankaupunki, Kokkola and Kuopio.

Suomen kansallisromanttisen nousukauden tunnetuin taiteilija, 1865—1931 elänyt Akseli Gallen-Kallela rakennutti v. 1913 **Espoon** Laajalahden rannalle linnamaisen **Tarvaspään,** jossa on varsinaisen ateljeen lisäksi torni ja käytävän ympäröimä kirjasto. Jo suunnitteluvaiheessa taiteilija ajatteli rakennusta museoksi; museo perustettiin v. 1961. Kalustuksen ja työvälineistön lisäksi esillä on 500 taiteilijan omaa työtä.

Den bäst kända konstnären under Finlands nationalromantiska uppsvingsperiod, Akseli Gallen-Kallela (1865—1931) lät 1913 i **Esbo,** vid Bredvikens strand uppföra, **Tarvaspää,** i borgstil. Utom ateljen kan vi besöka ett torn och biblioteket runt vilket en korridor löper. Konstnären ville göra huset till museum, detta grundades 1961. Utom arbetsredskapen kan man betrakta ca 500 av konstnärens egna arbeten.

Der bekannteste Künstler der finnischen Nationalromantik Akseli Gallen-Kallela (1865—1931) baute 1913 am Ufer des Laajalahti in **Espoo** das schlossartige **Tarvaspää,** in dem sich ausser dem eigentlichen Atelier ein Turm und eine von einem Rundgang umgebene Bibliothek befinden. Der Künstler plante das Gebäude schon von Anfang an als Museum. Ausser der Inneneinrichtung und den Werkzeugen sind 500 Arbeiten des Künstlers ausgestellt.

Akseli Gallen-Kallela, the most famous artist representative of the Finnish national-romantic tradition, who lived from 1865 to 1931, built in 1913 on the shore of Laajalahti bay in **Espoo** his castle-like **Tarvaspää,** including in addition to his atelier a tower and a library surrounded by a walk. The museum was founded in 1961. In addition to the furnishings and equipment used by the artist the museum contains some 500 of his works.

17 000 esinettä käsittävä **Riihimäellä** sijaitseva **Suomen lasimuseo** esittelee sekä entisyyttä että luo katsauksen tämän päivän muotoiluun. Vanhimmat esineet ovat parituhatvuotiset syyrialaiset kyynelpullot, dramaattisimmat sodanaikaiset polttopullot, harvinaisimpiin kuuluu 1940-luvun suomalaiseksi taideteollisuusesineeksi valittu Sibeliusmaljakko. Kiehtovimpia suomalaisia museoita!

Finlands glasmuseum i **Riihimäki** omfattar 17 000 föremål. Här presenteras en gången tid och ges perspektiv på våra dagars design. De äldsta föremålen är tvåtusenåriga syriska tårflaskor, de mest dramatiska brännflaskor från krigen. Till de mest sällsynta hör den på 1940-talet till finländskt konstindustriföremål valda Sibelius-vasen. Ett av de mest fascinerande finländska museerna!

Das **Finnische Glasmuseum** in **Riihimäki,** in dem ungefähr 17 000 Gegenstände ausgestellt sind, vermittelt einen Einblick in die Vergangenheit und stellt gleichzeitig heutiges Design vor. Die ältesten Ausstellungsgegenstände sind die 2000 Jahre alten syrischen Tränenflaschen, die dramatischsten sind die Molotow-Cocktails aus dem Krieg und zu den seltensten gehört die zum finnischen Kunstgewerbegegenstand der 40er Jahre gewählte Sibelius-Vase.

The **Finnish Glass Museum** in **Riihimäki** contains some 17,000 objects which represent both the past and the present. The oldest objects are the twothousand years old Syrian tearbottles. The most dramatic are the Molotov Cocktails of the war-period. Among the rarest is the Sibeliusvase selected in the 1940's as representative of Finnish design. A charming museum!

Lohjanjärveen pistävän pitkän niemen kärjessä sijaitseva sadan hehtaarin laajuinen **Karkalin luonnonpuisto** on kalkkipitoisen maaperän ansiosta kasvillisuudeltaan täysin keskieurooppalainen; vehmaissa lehdoissa on myös runsas linnusto.

Suomen kolmanneksi suurimman keskiaikaisen kirkon, 1300-luvulta peräisin olevan **Lohjan Pyhän Laurin kirkon** erikoisuutena ovat kansainvälisestikin tunnetut kalkkimaalaukset.

I ändan på en udde som sticker långt ut i Lojo sjö ligger en hundra hektar stor naturpark, **Karkali** (Karislojo). Tack vare jordmånens rika kalkhalt är vegetationen helt mellaneuropeisk och i de frodiga lundarna finns en riklig fågelvärld.

I den **Heliga Laurentius kyrka** i **Lojo,** Finlands tredje strösta medeltida kyrka, från 1300-talet, har vi internationellt välkanda kalkmålerier.

Die Flora in dem 100 ha grossen **Naturpark von Karkali,** der auf der Spitze einer langen, in den Lohjanjärvi hineinragenden Landzunge liegt, ist aufgrund des kalkhaltigen Bodens völlig mitteleuropäisch. In den dichtbelaubten Hainen findet man auch eine mannigfaltige Vogelwelt.

Eine Besonderheit in der aus dem 14. Jahrhundert stammenden **St. Lauri Kirche** in **Lohja** sind die auch international bekannten Fresken.

In the 100-hectare **Naturepreserve of Karkali** which lies at the end of a long projection of land into Lake Lohja, the plantgrowth, because of the limecontent of the soil, is quite similar to that of Central Europe. There are many birds of many different varieties in the thick woods.

The **Church of the Blessed Lauri** in **Lohja** Finland's third largest medieval church, is internationally famed for its frescoes.

Suomen suurin ja historialtaan värikkäin linna, **Turun linna,** perustettiin Aurajoen suulle 1280-luvulla. V. 1614 tapahtuneesta tulipalosta alkoi linnan rappeutuminen huipentuen pahaan vaurioitumiseen sodan aikana v. 1941. Entisöinti alkoi v. 1946 ja päättyi v. 1961. Sen tarkoituksena oli paitsi saattaa linna ulko- ja sisäasultaan entisenlaiseksi, tehdä siitä myös nykyaikaisesti toimiva.

Finlands största och till sin historia färgrikaste slott, **Åbo slott,** grundlades på 1280-talet vid Aura ås mynning. Efter den eldsvåda som härjade år 1614 började slottet långsamt förfalla. 1941 blev slottet under kriget illa skadat. Den restaurering som påbörjades år 1946 och avslutades år 1961 återgav slottet dess tidigare skick och gjorde det användbart genom modernisering.

Finnlands grösstes Schloss, das **Schloss von Turku,** wurde in den 80er Jahren des 13. Jahrhunderts an der Mündung des Auraflusses gegründet. Nach der Feuersbrunst von 1614 begann der allmähliche Verfall des Schlosses. Die 1946 begonnene und 1961 abgeschlossene Restaurierung sollte dem Schloss nicht nur sein früheres Aussehen zurückgeben, sondern man wollte es auch den Anforderungen der Gegenwart entsprechend umgestalten.

The **Castle of Turku,** the largest in Finland and the one with the most colourful history, was founded in 1280 at the mouth of the Aurajoki river.
After the fire of 1614 the castle steadily deteriorated. It was damaged during the war in 1941. The reconstruction of the castle was begun in 1946 and completed in 1961.

Muinaisen vilkkaan kauppapaikan ympärille vähitellen syntyneen **Turun,** Suomen vanhimman kaupungin, ikä voidaan laskea vuodesta 1229, jolloin sinne siirrettiin piispanistuin. Turun pitkässä historiassa oli keskiaika synkintä kautta, mutta vaikka sodat, rutto ja tulipalot yrittivät usein hävittää maan hallinnollisen keskuksen, se pysyi pääkaupunkina aina vuoteen 1812, jolloin oikeudet siirrettiin Helsingille. Nykyisin 164 000 asukkaan Turku on läntisen matkailun portti; aikaisemmin läntiset aate- ja kulttuurivirtaukset saapuivat maahan Turun kautta.

Aurajoen rantojen nähtävyyksiä ovat Sibelius-museo, Wäinö Aaltosen museo, uusi teatteritalo, vanha tuulimylly ja moderni hotelli, mutta ennen kaikkea koko kaupungin tunnus, **tuomiokirkko,** yli 700-vuotias Suomen kansallispyhättö.

Turun pahimmassa koettelemuksessa kautta aikojen, Pohjoismaiden laajimmassa kaupunkipalossa v. 1827 tuhoutui kaikkiaan 2 500 rakennusta; vain laitaosissa säilyi muutamia kortteleita. Yksi näistä, Vartiovuoren juurella kohoava **Luostarinmäki,** muodostettiin v. 1940 eläväksi museokortteliksi. Alueen 18 talossa on yli 30 erilaista verstasta, joista jotkut toimivat koko kesän lähes kaikkien herätessä työhön syyskuun alussa Käsityötaidon päivinä vanhojen mestareiden esitellessä taitojaan.

Finlands äldsta stad Åbo, som så småningom utvecklades kring en forntida livlig handelsplats, kan dateras till år 1229 då ett biskopssäte placerades där. I Åbo stads långa historia var medeltiden den mörkaste perioden, men fastän krigen, pesten och eldsvådorna ofta försökte förstöra landets administrativa centrum förblev Åbo huvudstad ända fram till år 1812, då dessa rättigheter överflyttades på Helsingfors. Åbo av i dag med sina 164 000 invånare är den västliga turismens port; tidigare kom idé- och kulturströmningarna från väster till Finland just över Åbo. Sevärdheter längs **Aura ås** stränder är Sibelius-museet, Väinö Aaltonen-museet, det nya teaterhuset, den gamla väderkvarnen och ett modernt hotell, men framförallt hela stadens kännetecken, **domkyrkan,** en mer än 700-årig nationalhelgedom. Vid den genom tiderna värsta prövningen för Åbo stad, den vidsträktaste stadsbranden i Norden år 1827 förstördes alltiallt 2 500 byggnader, endast i stadens utkanter bevarades några kvarter. Ett av dessa, den vid foten av Vårdberget belägna **Klosterbacken** gjordes år 1940 till ett levande museikvarter. I områdets 18 hus finns mer än 30 olika verkstäder, av vilka några hålls i funktion hela sommaren medan nästan alla årligen väcks till liv i början av september på Konsthantverkarnas dag.

Die älteste Stadt Finnlands ist **Turku,** das um einen alten belebten Handelsplatz herum entstanden ist. Als Gründungsjahr der Stadt kann man 1229 ansetzen, als der Bischofssitz dorthin verlegt wurde. In der langen Geschichte Turkus stellt das Mittelalter eine der düstersten Perioden dar, aber obwohl Kriege, Pest und Grossfeuer des öfteren versuchten, das administrative Zentrum des Landes zu vernichten, blieb dieses bis 1812 Hauptstadt des Landes. Sehenswürdigkeiten an den Ufern des Auraflusses sind das Sibelius-Museum, das Wäinö Aaltonen-Museum, das neue Theatergebäude, die alte Windmühle und ein neues Hotel, vor allem aber das Wahrzeichen der ganzen Stadt, die **Domkirche,** das über 700 Jahre alte nationale Heiligtum Finnlands.

Die schlimmste Heimsuchung aller Zeiten erlebte Turku 1827, als beim grössten Städtebrand in der Geschichte Skandinaviens insgesamt 2 500 Gebäude zerstört wurden, nur in den Randgebieten der Stadt blieben einige Häuserblöcke erhalten. Einer davon, der am Fusse des Vartiovuori emporsteigende **Luostarinmäki,** wurde 1940 zu einem Stadtviertel in Form eines Freilichtmuseums umgebildet. In den 18 Häusern des Bezirks befinden sich über 30 verschiedene Werkstätten, von denen einige den ganzen Sommer über in Betrieb sind.

The oldest city of Finland is **Turku,** which gradually grew around an ancient tradingplace. It became the seat of a diocese in 1229. Despite wars, plague and fire the city remained the administrative center of the country until 1812, when Helsinki became the capital city. The city has traditionally been the point of entrance of cultural influences from the West. It is still a point of entrance for tourism from the West. The present population is 164,000. Among the sights to be seen along the **Aura River** are the Sibelius Museum, the Väinö Aaltonen Museum, the new theater building, the old windmill and a new modern hotel — but one must see the **Cathedral Church,** the symbol of the whole city of Turku, which for over seven hundred years has been the national shrine of Finland.

The worst ordeal undergone by Turku was the Great Fire of 1827, by any of the cities of the Scandinavian countries. It destroyed over 2,500 buildings. Only a few blocks were spared. One of these, the **Monastery Hill** at the base of the Vartiovuori mountain, was turned in 1940 into a living-museum area. There are 30 different workshops in the 18 houses of the area. Some of the workshops are functioning the whole summer but almost all are put in operation at the beginning of September during the Handicrafts Days and old craftsmen demonstrate their skills.

Lounais-Suomen suurin järvi, 25 km pitkä ja 10 km leveä Pyhäjärvi on ihmeteltävän puhdas ja kalaisa. **Säkylän** leirintäalue on yksi kymmenkunnasta kodikkaasta lomailupaikasta. Muitten maakuntien tapaan myös Varsinais-Suomessa katetaan paikallisista herkuista koostuvia pitopöytiä. **Auran** kunnan Kuuskosken kartanon väentupa henkii menneisyyttä.

Den största sjön i sydvästra Finland, den 25 km långa och 10 km breda Pyhäjärvi är förvånansvärt ren och fiskrik. Campingområdet i **Säkylä** är ett av tiotalet hemtrevliga semesterområden. Precis som i andra landsändor dukar man också i Egentliga-Finland upp festbord som består av lokala läckerheter. Allmogestugan invid Kuuskoski herrgård i **Aura** socken förmedlar oss känslor av en förgången tid.

Der grösste See in Südwestfinnland, der 25 km lange und 10 km breite Pyhäjärvi, hat erstaunlich klares Wasser und ist sehr fischreich. In **Säkylä** befindet sich einer von etwa 10 komfortablen Campingplätzen. Auch im Eigentlichen Finnland wird der Tisch mit besonderen Delikatessen dieser Provinz gedeckt. Im Gästezimmer des Landguts Kuuskoski in der Gemeinde **Aura** spürt man einen Hauch der Vergangenheit.

Pyhäjärvi, the largest lake of southwestern Finland, 25 kilometers long and 10 kilometers wide, is astonishingly unpolluted — and abounds in fish. The camping-area of **Säkylä** is one of a dozen comfortable vacation-spots. As do other traditional provinces, Varsinais-Suomi sets a banquet table of local delicacies. The common-room of the servants at Kuuskoski Manor in the municipality of **Aura** breathes the spirit of the past.

Suomen ja Ruotsin välillä sijaitseva **Ahvenanmaa** on yksi Suomen suosituimmista matkailualueista. Ainutlaatuinen saaristo koostuu 6 500 saaresta, joista asuttuja on kuitenkin vain satakunta; huvila-asutus on paljon laajempaa. Suurin osa pääasiassa ruotsia puhuvista 23 000 asukkaasta on asettunut pääsaarelle, joka on 50 km pitkä ja 40 km leveä, mutta jonka lukemattomat lahdet pirstovat kuin moneksi saareksi. Puolet väestöstä asuu Maarianhaminassa. Turismin ohella Ahvenanmaata elättävän merenkulun muistomerkkinä seisoo Maarianhaminan satamassa nelimastoparkki Pommern. Myös merenkulkumuseo herättää henkiin purjelaivojen kulta-ajat. Maakunnan itsehallinnon tunnuksena on oma lippu.

Åland, beläget mellan Sverige och Finland, är ett av Finlands mest uppskattade turistområden. Den unika skärgården omfattar 6 500 öar, av vilka dock endast ett hundratal är bebodda; sommarstugebebyggelsen är mera omfattande. Största delen av de 23 000 i huvudsak svenskatalande invånarna har slagit sig ned på huvudön, som är 50 km lång och 40 km bred, men som av otaliga vikar splittras upp till många öar. Hälften av invånarna bor i Mariehamn. Som ett minnesmärke över sjöfarten, som vid sidan om turismen ger försörjning åt ålänningarna, har man i Mariehamns hamn placerat den fyrmastade barken Pommern. Också sjöfartsmuseet väcker segelskutornas gyllene tider till livs. Som ett signum på landskapets självstyrelse har Åland en egen flagga.

Ahvenanmaa liegt zwischen Finnland und Schweden und ist eines der beliebtesten Fremdenverkehrsgebiete. Von den 6 500 Schären sind nur etwa 100 bewohnt, es gibt aber sehr viele Ferienhäuser. Der grösste Teil der meist schwedischsprachigen 23 000 Bewohner hat sich auf der 50 km langen und 40 km breiten Hauptinsel niedergelassen, die durch unzählige Buchten in mehrere Inseln aufgeteilt wird. Die Hälfte der Bevölkerung wohnt in Maarianhamina. Ausser vom Tourismus lebt Ahvenanmaa von der Schiffahrt, Symbol dafür ist die Viermastbark Pommern im Hafen von Maarianhamina. Ein Schiffahrtsmuseum erinnert an die goldenen Zeiten der Segelschiffe. Die Provinz ist autonom und hat eine eigene Fahne.

The Åland Islands, situated between Finland and Sweden, constitute one of the most popular tourist attractions in Finland. This unique archipelago is composed of 6,500 islands, but only about a hundred of them are settled year-round — in many more there are summer homes. Most of the 23,000 inhabitants, mainly Swedish-speaking, are settled on the main island, which is 50 kilometers long and 40 kilometers wide, but the innumerable inlets of the island make it appear as if it were composed of many islands. Half of the population live in Mariehamn. The four-masted barque Pommern is moored in the harbour of Mariehamn as a monument of the sea-faring which, in addition to tourism, provides livelihood for the Åland Islands. Also the Maritime Museum in Mariehamn keeps alive the memory of the golden age of the sailing-ships. As a symbol of the autonomy of the Åland Islands, the province has its own flag.

Arkipäiväinen silakka on talou-
dellisesti Suomen tärkein kala;
saaliit vaihtelevat vuosittain ja
vuodenajoittain riippuen niin
luonnonolosuhteista kuin mene-
kistä. Isorysän käyttö oikullisella
ulapalla on miesten kovaa työtä.
Merikarvian, Pohjanlahden tun-
netun silakkapitäjän, edustalla
on omituisen tiheä, karikkoinen,
itsenäinen, 350 erillisen saaren
muodostama **Ouran saaristo** eli
Karvian Ourat, silakkain maail-
maa sekin.

Strömmingen är ur ekonomisk
synvinkel Finlands viktigaste
fisk; fångsterna varierar årligen
och årstidsvis beroende på både
naturförhållanden och efterfrå-
gan. Att använda storryssja på
den nyckfulla fjärden är ett hårt
jobb för män. Utanför **Merikar-
via,** den bäst kända strömmings-
kommunen vid Bottenviken, lig-
ger en tät, av grynnor fylld, från
den övriga skärgården avskiljd
grupp av 350 öar, **Oura skärgård**
eller Karvias Ourat.

Der unscheinbare Strömling ist
wirtschaftlich gesehen der
wichtigste Fisch Finnlands; der
Fang wechselt jedes Jahr und zu
jeder Jahreszeit. Der Umgang
mit der grossen Reuse auf dem
launenhaften offenen Meer ist
eine Sache für ganze Männer.
Vor **Merikarvia** befindet sich die
eigenartig dichte, mit Riffen
übersäte, selbständige, aus 350
einzelnen Schären bestehende
Inselgruppe Oura, oder auch
Karvian Ourat, ein Paradies der
Strömlinge.

The herring is the most
important fish for the economy
of Finland; the catch varies each
year in accordance with the
supply by nature and the
demand of the market. The use
of the huge herring-nets on the
open sea is no child's play. Off
the coast of **Merikarvia,** the
district on the Gulf of Bothnia,
there is an extraordinarily dense
archipelago, consisting of some
350 separate islands, the **Oura
archipelago,** a paradise for
herring-fishermen.

Karkun Salonsaaressa **Rautaveden** ja Kuloveden välissä kohoaa jylhänkaru mutta lempeitä katseita Hämeen ja Satakunnan rajamaihin luova **Pirunvuori** 92 m ympäröiviä vesiä korkeammalle. Vuori kuuluu kansanpuistoon, missä risteilevät merkityt, hengästyttävät polut, turistin pikkutiet. Muotokuvamaalarina tunnettu v. 1882—1967 elänyt karuuden ystävä Emil Danielsson rakensi vuosisadan alussa itselleen kivestä asuinpaikan ja ateljeen Pirunvuoren rinteeseen. Lähellä lakimaata puolestaan on luonnon muovaama Pirunluola

eli Pirunpesä. Tarinain mukaan vuorelta alkaa Rautaveden alittava luolakäytävä, joka päättyy Sastamalan 1300-luvulla rakennettuun harmaakivikirkkoon. Pirunvuoren sisaren Ellivuoren juurella on ohjelmaa uima-altaasta yökerhoon tarjoava moderni matkailukeskus.

På Palosaari i **Karkku** mellan **Rautavesi** och Kulovesi reser sig det ödsligt karga men ömt mot Tavastland och Satakunta gränsområden blickande **Pirunvuori** (Djävulsberget) 92 m över omgivande vatten. Berget hör till en folkpark, genomkorsad av utprickade stigar, som gör en andtruten. Den som porträttmålare kända vännen av det kärva, Emil Danielsson (1882—1967) lät i början av seklet bygga en bostad av sten och en atelje åt sig på Pirunvuoris sluttning. Närmare toppen av berget ligger den av naturen utformade Djävulsgrot-

tan eller Djävulshålan. Enligt sägnen löper en grottgång från berget, under Rautavesi till Sastamalas på 1300-talet uppförda gråstenskyrka. Vid foten av Ellivuori, Pirunvuoris syster, ligger ett modernt turistcentrum som bjuder program alltifrån simbassäng till nattklubb.

Der auf der Insel Salonsaari in **Karkku** zwischen den Seen **Rautavesi** und Kulovesi emporsteigende **Pirunvuori,** der Teufelsberg, schaut trotz seines düsteren Namens freundlich nach Häme und Satakunta hinüber. Der Berg gehört zu einem Volkspark, in dem sich mit Wegweisern versehene Pfade überschneiden, die den Wanderer leicht ausser Atem kommen lassen. Der als Porträtmaler und Freund der kargen Natur bekannte Emil Danielsson (1882—1967) baute sich zu Beginn dieses Jahrhunderts aus Stein einen Wohnsitz und ein Atelier am Hang des Pirunvuori. Von der Natur geformt dagegen ist die in der Nähe des Gipfels befindliche Pirunluola, die Teufelshöhle. Die Schwester des Pirunvuori heisst Ellivuori, und am Fusse dieses Berges befindet sich ein modernes Fremdenverkehrszentrum.

On the island of Salonsaari in **Karkku,** between **Lake Rautavesi** and Kulovesi there rises the steep **Pirunvuori** (Devil's Mountain), to a height of 92 meters above the surrounding waters. The mountain is part of a national park where there are paths marked for visitors to follow. The famous portraitpainter Emil Danielsson (1882—1967) built an atelier and dwelling-place for himself on the side of Pirunvuori. And near the the peak of the mountain nature has carved out for herself a cave which has been named the Devil's Cave or the Devil's Nest. According to old legends there is an underground corridor which begins at the mountain, goes under Lake Rautavesi and ends in the grey-stone church of Sastamala, built during the 14th century. Pirunvuori has a sister-mountain, Ellivuori, at the base of which there has been built a modern tourist-center providing everything from a swimming-pool to a night-club.

Tehtaiden, puistojen ja kirjaili-
joiden **Tampere,** Suomen toiseksi
suurin kaupunki 167 000 asuk-
kaineen, sijaitsee Näsijärven ja
Pyhäjärven välisellä kannaksella.
Pispalanharju synnytti kapean-
jyrkille harteilleen aikanaan kau-
punginosan, missä talot lepäävät
melkein toistensa päällä.
Pyynikinharju esittelee kaupun-
gin kokokuvan, jonka rikkoo ny-
kyisin huimaaviin korkeuksiin
pistävä **Näsinneula.**

Fabrikernas, parkernas och för-
fattarnas **Tammerfors,** Finlands
näststörsta stad med 167 000 in-
vånare, är belägen på näset mel-
lan Näsijärvi och Pyhäjärvi. **Pis-
pala-åsen** lät på sin tid en stads-
del födas på sina smalbranta
skuldror. Husen på åsen vilar
nästan på varandra.
Pyynikkiåsen låter oss se stadens
hela bild, den spjälks numera av
Näsinneula som sticker upp till
hisnande höjd.

Tampere, die Stadt der
Fabriken, Parks und
Schriftsteller, hat 167 000
Einwohner und liegt auf einer
Landenge zwischen den Seen
Näsijärvi und Pyhäjärvi. An den
schmalen und abfallenden
Hängen des **Pispalanharju**
entstand seinerzeit ein Stadtteil,
in dem die Häuser beinahe eines
auf dem anderen ruhen.
Vom **Pyynikinharju** herab
bekommt man ein Gesamtbild
von der Stadt, das heute von
dem schwindelerregend hohen
Aussichtsturm **Näsinneula**
zerschnitten wird.

Tampere, Finland's second
largest city, with 167,000
inhabitants, is known for its
factories, its parks and its
writers. Tampere is situated on
the isthmus between lakes
Näsijärvi and Pyhäjärvi.
Pispalanharju is a section of the
city famed for its steep
embankments with the houses
almost lying on top of each
other.
The **Pyynikki Ridge** is a good
vantage-point for viewing the
total picture of the city now
pierced by the tower of
Näsinneula which rises to dizzy
heights.

Tampereen kirkoista tunnetuimpia on Reima Pietilän suunnittelema Liisankalliolla seisova v. 1966 valmistunut **Kalevan kirkko,** jonka 30 m korkeat seinät valmistuivat liukuvalumenetelmällä — melkein luomisaikataulun mukaan — kahdessa viikossa. Yli 1 100 hengen kirkossa korvaa alttaritaulun Reima Pietilän veistos Särkynyt ruoko. Seurakunnan käyttötilat on sijoitettu kirkkosalin alle.

En av de mest kända kyrkorna i **Tammerfors** är **Kaleva-kyrkan,** som planerats av Reima Pietilä och uppförts år 1966 på Liisankallio. Dess 30 m höga väggar byggdes med glidgjutningsmetoden på två veckor, nästan i enlighet med skapelsetidtabellen. Mer än 1 100 personer ryms i kyrkan där Reima Pietiläs skulptur, Ett söndrat vasstrå ersätter altartavlan. Församlingens övriga utrymmen är placerade under kyrkosalen.

Eine der bekanntesten Kirchen in **Tampere** ist die von Reima Pietilä entworfene, auf dem Felsen Liisankallio stehende **Kaleva-Kirche,** die 1966 fertiggestellt wurde und deren 30 m hohen Wände nach der Gleitbauweise in zwei Wochen hergestellt wurden. In der über 1 100 Personen fassenden Kirche ersetzt die Skulptur ‚Zerbrochenes Schilfrohr' von Reima Pietilä das Altargemälde. Die Gemeinderäume befinden sich unter dem Kirchensaal.

One of the most famous churches of **Tampere** is the **Kaleva Church** on the Liisankallio Rock, designed by Reima Pietilä and completed in 1966. Its 30-meter high walls were completed in two weeks, using a special slide-casting procedure. Instead of the usual altar-painting there is the sculpture by Reima Pietilä entitled 'The Broken Reed'. The premises for the use of the parish are under the chruchhall which seats 1,100.

Suomen kaunein puupyhättö, **Petäjäveden vanha puukirkko,** gotiikan ja renessanssin yhdistelmä, on yksi koko maan talonpoikaisen rakennustaiteen arvokkaimmista luomuksista. J.L. Leppäsen suunnittelema ja rakentama kirkko kohosi v. 1763 hieman yli kuukaudessa. Jo ulkopuoli kertoo mestaruudesta, mutta vasta sisällä yksityiskohtainen kauneus todella pääsee oikeuksiinsa.

Finlands vackraste av trä uppförda helgedom, **Petäjävesi kyrka,** en blandning av gotik och renässans, är något av det värdefullaste ifråga om allmoge-byggnadskonst i hela riket. Kyrkan, planerad och byggd av J.L. Leppänen restes år 1763 på något mer än en månad. Redan det yttre berättar om mästerskap, men först invändigt kommer den detaljpräglade skönheten till sin fulla rätt.

Finnlands schönste Holzkirche, die alte **Kirche** von **Petäjävesi,** stellt eine Mischung von Gotik und Renaissance dar und ist eine der wertvollsten Schöpfungen der bäuerlichen Baukunst im ganzen Land. Die von J.L. Leppänen entworfene Kirche wurde 1763 in etwas über einem Monat erbaut. Schon das Äussere legt Zeugnis vom meisterlichen Können des Erbauers ab, aber erst im Inneren kommt die Schönheit der Details wirklich voll zu ihrem Recht.

Finland's most beautiful wooden church, the **Old Wood Church** of **Petäjävesi,** is one of the most impressive products of the rural building-skills. The church, designed and erected by J.L. Leppänen, was built in 1763 in a little over a month. The masterful quality of the architecture of the church is noticeable even from the outside but the detailed beauty of the inside, with its slight irregularities, confirms it.

V. 1939 Nobelin palkinnon saanut hämäläisen elämän ja luonnon kuvaaja **Frans Emil Sillanpää** syntyi v. 1888 **Hämeenkyrössä Myllykoluksi** kutsutussa pienessä pirtissä. Kymmenen ensimmäistä vuottaan tuleva kirjailijamestari vietti luonnonläheisyydessä, Myllyojan vehmaudessa ja lähiseutujen viljavassa avaruudessa; molemmat miljööt esiintyvät monissa teoksissa. Nykyisin Myllykolu on museona.

Frans Emil Sillanpää, som 1939 fick Nobelpriset, har tecknat livet och naturen i Tavastland. Han föddes 1888 i **Hämeenkyrö** i ett litet pörte som kallades **Myllykolu.** Sina tio första livsår tillbringade den blivande mästaren i naturens närhet, i det frodiga Myllyoja och på närområdets bördiga vidder. Båda miljöerna återfinns i många av hans verk. Numera är Myllykolu ett museum.

Frans Emil Sillanpää, der das Leben und die Natur von Häme geschildert hat und 1939 den Nobelpreis für Literatur erhielt, wurde 1888 in **Hämeenkyrö** in einer kleinen, **Myllykolu** genannten Hütte geboren. Die ersten zehn Jahre seines Lebens verbrachte der Schriftsteller in der Nähe der Natur, in der üppigen Vegetation von Myllyoja und der fruchtbaren Weite der benachbarten Landstriche. Heute ist Myllykolu ein Museum.

Frans Emil Sillanpää, who received the Nobel prize for literature in 1939, was born in 1888 in a little cottage called **Myllykolu,** in **Hämeenkyrö.** The future master-writer spent the first ten years of his life in the natural surroundings of Myllyoja and in the surrounding agricultural district. Both of these milieus appear in many of his works. At present Myllykolu is a museum.

Matkailun kasvaessa on Suomen taide pyyhkäissyt pinnaltaan sisätilojen pölyä ja astunut ulos kesän raikkauteen. Rohkean askeleen avulla taide on tavoittanut paremmin ihmiset, jotka muuten jopa karttavat näyttelyjä. **Sysmässä** Päijänteen rannalla kutsuva **Suvi-Pinx** ja **Orivedellä** sijaitseva **Purnu** ovat tunnetuimmat kesänäyttelyistä, joita kaikkiaan on eri puolilla maata kymmenittäin.

Då turismen har ökat har Finlands bildkonst torkat av sig innesalarnas damm och stigit ut i sommarens friskhet. Med detta modiga steg har bildkonsten kommit närmare de människor som annars undviker utställningar. **Suvi-Pinx** som lockar oss till **Sysmä** vid Päijännes strand och **Purnu** i **Orivesi** är våra bäst kända sommarutställningar. Allt som allt finns det tiotals av dem runtom i landet.

Mit dem Anwachsen des Fremdenverkehrs hat auch die finnische Kunst den Staub der Galerieräume abgeschüttelt und ist in die Frische des Sommers hinausgezogen. Infolge dieses Schrittes sind auch solche Menschen mit der Kunst in Berührung gekommen, die normalerweise kaum eine Ausstellung besuchen würden. **Suvi-Pinx** in **Sysmä** und **Purnu** bei **Orivesi** sind die bekanntesten Sommerausstellungen.

There has been a great increase of open-air art shows in Finland in connection with the growth of tourism. In this way it has been possible for art and artists to make contact with people who would ordinarily avoid art-exhibitions. Among the most famous summer art-exhibitions are **Suvi-Pinx** in **Sysmä** on the shore of Lake Päijänne and the **Purnu** open-air exhibit at **Orivesi.**

Pohjanmaan nykyisin erittäin vireän kansanmusiikin ylväin tapahtuma on Kaustisen kansainväliset kansanmusiikkifestivaalit heinäkuussa, mutta myös muualla laajassa Lakeuksien maakunnassa soi viulu taidokkaasti mittavissa kehyksissä ja heilahtaa kansallispuvun värikäs helma kansantansseissa. Ja yleensä kaikuu myös laulu; mistään muusta Suomen maakunnasta ei muistiin ole kirjattu niin paljon kansanlauluja kuin Etelä-Pohjanmaalta. Lakeuden laulut ovat yleensä juroja, itsetietoisia, väkeviä — vastapainona Karjalan laulujen

hempeydelle ja iloisuudelle. Ruotsinkielisellä Pohjanmaalla on omat juhlansa Sulvassa, Stundarsin kalaasit, musiikkia ja runsaasti perinnettä. Suomenkielinen Etelä-Pohjanmaa kokoontuu alkukesän **Speleihin** vuorotellen eri pitäjissä.

Den ståtligaste händelsen i Österbotten är den internationella folkmusikfestivalen i Kaustby i juli men också annorstädes i de vidsträckta Slätternas landskap spelar fiolen konstfärdigt medan nationaldräktens färgrika fåll svänger om i folkdanserna. Man hör också sången skalla: i inget annat landskap i Finland har man noterat så många folksånger som här. Slätternas sånger är i allmänhet trumpna, självsäkra, kraftfulla — medan de karelska sångerna är veka och fröjdefulla. Det svenskspråkiga området i Österbotten firar sina

egna fester i Solf, Kalas i Stundars, med musik och rikligt med traditioner. Det finskspråkiga Syd-Österbotten samlas i början av sommaren till **Spel** som hålls turvis i olika socknar.

Das prunkvollste Ereignis der in Pohjanmaa gegenwärtig besonders gepflegten Volksmusik sind die im Juli stattfindenden Internationalen Volksmusikfestspiele von Kaustinen. Aber auch anderswo in den weiten Niederungen dieser Provinz erklingt die Violine, und die farbenprächtigen Röcke der Volkstrachten beginnen bei den schwungvollen Volkstänzen hochzuwirbeln. Gesang erschallt hier ganz allgemein: in keiner anderen Provinz Finnlands sind so viele Volkslieder aufgezeichnet worden wie in Süd-Pohjanmaa. Die Lieder aus dem Flachland sind im allgemeinen abweisend, ganz das Gegenteil zur Zartheit und Fröhlichkeit der Lieder aus Karelien. Das schwedischsprachige Pohjanmaa hat seine eigenen Feste in Sulva. Die finnischsprachige Bevölkerung im südlichen Pohjanmaa versammelt sich zu den **Spelet** abwechselnd in verschiedenen Kirchspielen.

The most impressive event in the current tremendous revival of interest in folk-music in Ostrobothnia is the annual international folk-music festival held in Kaustinen in July. But elsewhere also in this province of the flatlands there is the playing of the country-dance fiddle and dancing in the colorful traditional costumes. And the singing: from no other province of Finland do there come so many folk-songs as from the south of Ostrobothnia. The songs of the flatland country are vigorous, selfassertive, serious — a great contrast to the tender and joyful songs of Karelia. The Swedishspeaking people of Ostrobothnia have their own folk-music festival in Sulva. The Finnishspeaking people gather together in the early part of the summer in local folk-music get-togethers which are held in different parishes in turn.

Etelä-Pohjanmaalla raikahtaa laulu ja heilahtaa puukko; tällainen on maine vuosikymmenien takaa. Puukko oli, ja on yhä, sekä käyttöväline että koristeesine. Kauhavalla sanotaan puukon olevan puoli ruokaa; kunta on koristanut vaakunansakin helapääpuukolla. Vuosisatojen kuluessa on maakunnassa käytetty taidolla niin puukkoa kuin kirvestä ja sahaa.

I Syd-Österbotten skallar sången och svänger puukkon; ett sådant rykte går sedan årtionden tillbaka. Puukkon var, och är alltjämt, både ett bruksföremål och prydnadssak. I Kauhava säger man att puukkon är halva födan; socknen har prytt sitt vapen med en holkförsedd puukko. Under århundraden har man i landskapet varit skicklig i användningen av både puukko, yxa och såg.

In Süd-Pohjanmaa erschallen die Lieder und der **puukko,** das Finnenmesser, wird geschwungen. Das Finnenmesser war und ist sowohl Gebrauchsgegenstand als auch Schmuckstück. In Kauhava sagt man, dass der **puukko** die Hälfte vom täglichen Brot sei. Im Laufe der Jahrhunderte ist dieses Messer in der Provinz ebenso wie Axt und Säge mit grossem Geschick gebraucht worden.

South Ostrobothnia for resounding songs and flashing knives! That was the reputation of the province decades ago. The knives were worn in a scabbard dangling from the belt — the knife is the **puukko.** In the course of centuries skill with the **puukko** has come to rank in importance with skill with the axe and the saw.

Väitetään, että **Kaustisella** on yksi talo, missä kansanmusiikki ei soi. V. 1968 kaustislaiset kokosivat ensimmäisen kerran yhteen pelimannijoukot ja siitä alkoi hämmästyttävä kesäinen kulttuuritapahtuma, **Kaustisen kansainväliset kansanmusiikkifestivaalit**, jotka laajimmillaan ovat heinäkuun kolmannella viikolla koonneet 3 600 asukkaan pitäjään 82 000 vierasta. Kansanmusiikin vaikuttavan näytön jälkeen valtiovalta heräsi ja nyt seisoo kylän keskustassa pelimannien pyhättö, **Aapintalo.**

Det påstås att det i **Kaustby** finns ett hus, där folkmusiken inte ljuder. År 1968 samlade kaustbyborna för första gången spelmansskarorna och genom det startade ett överraskande sommarkulturellt evenemang: **Kaustbys internationella folkmusikfestival,** som i bästa fall samlat 82 000 gäster i en socken med 3 600 invånare, tredje veckan i juli! Efter denna verkningsfulla föreställning av folkmusik vaknade statsmakten och nu reser sig spelmännens tempel, **Aapintalo** i byns centrum.

Es wird behauptet, dass es in **Kaustinen** nur ein Haus gibt, in dem keine Volksmusik erklingt. 1968 traten die Dorfmusikanten von Kaustinen zum ersten Mal zusammen, und es entstanden die **Internationalen Volksmusikfestspiele** von **Kaustinen,** die zu ihrem Höhepunkt 82 000 Gäste in das Dorf mit 3 600 Einwohnern lockten. Nach dieser eindrucksvollen Volksmusikdarbietung erwachte auch der Staat, und heute steht im Zentrum des Dorfes die heilige Stätte der Dorfmusikanten, das **Aapintalo.**

They say that in **Kaustinen** there is one house where they do not play folkmusic! There is an **international folkmusic festival at Kaustinen** every summer and during the third week of July some 82,000 guests descend on the parish with its 3,600 inhabitants. The State of Finland has supported the movement, once it started popularly and spontaneously. And now there is a center devoted to folkmusic in the center of the village, the **Aapintalo.**

Puoli vuosisataa sitten Suomen maaseutu eli väkevästi: kaksi kolmannesta kansasta sai toimeentulonsa maataloudesta ja vain seitsemännes asui kaupungeissa. Yleismaailmalliseen tapaan viime vuosikymmenet ovat tyhjentäneet maaseutua ja täyttäneet kaupunkeja. Tätä nykyä kaksi kolmannesta suomalaisista asuu taajamissa. Nyt on maaseutua kuitenkin ryhdytty erilaisin keinoin elvyttämään ja kaikkialla alkavat tilat komistua — ja koneellistua. Entisajan idyllisyyden tavoittaminen.on vaikeaa; traktori on syrjäyttänyt hevosen, jota käytetään enää yleensä vain raviradoilla.

Den finländska landsorten var kraftfullt livaktig för ett halvt sekel sedan; två tredjedelar av folket fick sin utkomst genom jordbruket och endast en sjundedel var bosatt i städerna. På samma sätt som överallt i världen har de senaste årtiondena tömt landsbygden och fyllt städerna. I detta nu bor två tredjedelar av finländarna på tätorterna. Men nu har man ändå med olika metoder börjat liva upp landsbygden och överallt får egendomarna en präktigare — och mera mekaniserad prägel. Det är svårt att nå upp till det idylliska från forna tider; traktorn har undanträngt hästen, som numera i allmänhet förekommer enbart på travbanorna.

Vor einem halben Jahrhundert lebten zwei Drittel der Finnen von der Landwirtschaft, nur ein Siebentel wohnte in Städten. Wie überall auf der Welt sind die Menschen in den letzten Jahrzehnten vom Land in die Städte gezogen. Heute leben zwei Drittel der Finnen in Ballungsgebieten. Zur Zeit wird die Landwirtschaft aber auf verschiedene Weise gefördert, die Höfe werden überall mit modernen Maschinen ausgerüstet. Die früheren Idylle können nicht wiederhergestellt werden; der Traktor hat das Pferd verdrängt, das normalerweise nur noch auf Trabrennbahnen anzutreffen ist.

Half a century ago the countryside of Finland was the setting of a vigorous life: two-thirds of the people earned their living in agriculture, and only one out of seven of the Finns lived in cities. In recent decades, as has happened everywhere in the world, the countryside has been drained of people, and the cities have filled up. Nowadays two-thirds of the Finns live in densely populated areas. Just lately, however, various efforts have been made to revivify the countryside, and the farms everywhere are being improved and are being mechanized. It is difficult to reattain the idyllic life-style of the past; the tractor has replaced the horse — nowadays horses are used mostly only on race-tracks.

Suomen vaurauden perustasta, metsistä, omistavat yksityiset n. 60 %, valtio 30 %, yhtiöt 7 % lopun jakautuessa mm. kunnille ja seurakunnille. Puuntuotossa yksityisten osuus on huomattavasti suurempi, sillä valtion metsät ovat pääasiassa kitukasvuisessa Pohjois-Suomessa. Koska puunjalostusteollisuus on kehittynyt arvaamattomasti, kiinnitetään nykyisin suurta huomiota puun kasvattamiseen, esimerkiksi taimistoihin.

Av grunden till Finlands välmående, skogarna, äger privatpersoner ca 60 %, staten 30 %, bolagen 7 % medan resten hör till kommunerna och församlingarna. Visavi avkastningen av trä är den privata andelen betydligt större, statens skogar ligger i huvudsak i det nödvuxna norra Finland. Då träförädlingsindustrin har utvecklats mer än beräknat, fäster man numera stor uppmärksamhet vid t.ex. plantbeståndet.

Die Grundlage des finnischen Wohlstands bilden die Wälder. Davon besitzen ca. 60 % Privatpersonen, 30 % der Staat und 7 % Gesellschaften. Bei der Holzproduktion ist der Anteil der Privatpersonen erheblich grösser, denn die Wälder des Staates befinden sich zur Hauptsache im spärlich bewachsenen Norden Finnlands. Da sich die Holzveredelungsindustrie in unvorhergesehener Weise entwickelt hat, wird dem Jungwuchs grosse Aufmerksamkeit geschenkt.

The forests of Finland, the basis of its prosperity, are owned about 60 % by private individuals, 30 % by the State of Finland, 7 % by companies and the rest by local communities and parishes. Since the length of time necessary for a pine to grow from a seedling to a tree ready to be cut for timber is from 80 to 100 years and the wood-processing industry has developed immeasurably, great attention is being paid nowadays to sapling-stands.

Lietveden tien varrella sijaitseva **Puumalan Pistohiekan** lomakylä-leirintäalue on parhaimpia Saimaan kymmenistä pienoismatkailukeskuksista. Suomalaiseen tapaan se on avoinna vain kesä-kuukausina, jolloin se tarjoaa puolisataa leirintä- ja lomamajaa, useita saunoja, hyvinvarustetun leirintäalueen ja Saimaan alueella harvinaisen pitkät hietikot puhtaan Lietveden rannalla.

Det vid Lietvesi-vägen belägna **Pistohiekka** i **Puumala** är ett semesterbycampingområde, bland de bästa av tiotalet små turist-centra vid Saimen. På finskt vis hålls det öppet endast under sommarmånaderna, då det bjuder på ett halvt hundratal läger- och semesterhyddor, många bastur, en välutrustad campingplats och för Saimens del sällsynt långsträckta sandstränder vid den rena Lietvesisjön.

Das neben der Landstrasse am Lietvesi gelegene Feriendorf und Campinggelände **Pistohiekka** bei **Puumala** gehört zu den besten der zahlreichen kleinen Fremdenverkehrszentren im Saimaa-Gebiet. Während der Sommermonate bietet es den Touristen 50 Ferienhäuser, mehrere Saunas, ein gut ausgerüstetes Campinggelände und die in dieser Gegend seltenen langen Sandflächen am Ufer des sauberen Lietvesi.

The **Pistohiekka** vacation-village and camping-area of **Puumala** located alongside the Lietvesi road make up one of the best of the dozens of small tourist-centers in the Saimaa region. Pistohiekka provides some fifty camps and vacation-cottages, a number of saunas, a well-equipped camping-area and unusually long sandbeaches on the edge of the clean water of Lietvesi.

Suomen tunnetuimpaan matkai-
lukohteeseen, Pihlajaveden ja
Puruveden välissä kohoilevaan
Punkaharjuun, voi automatkaa-
jakin tutustua vaivattomasti
maantien mutkitellessa tämän
jääkauden synnyttämän seitsen-
kilometrisen harjun lakimaita
päästä päähän. Paikoin harju ka-
penee muutamametriseksi selän-
teeksi, mutta työntää sitten jär-
venselille leveitä, sokkeloisia nie-
miä ja piilottelee kainaloissaan
pikkulampia. Nykyisin Punka-
harju on siistityn kaunis, mutta
aikanaan se on kokenut kovia:
sen muodostumisesta luonnon-
suojelualueeksi kiisteltiin mui-
noin suuresti — kuten nykyisin-
kin uusista alueista — sen luon-
netta muuttivat sittemmin maan-
tie ja rautatie, ja ensimmäisen
maailmansodan aikana sen puus-
toa parturoitiin sotilaallisista
syistä.

Finlands bäst kända turistmål,
Punkaharju som reser sig mellan
Pihlajavesi och Puruvesi kan bil-
turisten bekanta sig med utan
besvär emedan landsvägen sling-
rar sig längs denna sju kilometer
långa, under istiden uppkomna
ås från ena ändan till den andra.
Ställvis smalnar åsen till en rygg
på några meter men skjuter se-
dan ut breda, labyrintiska näs
mot sjöfjärdarna och gömmer
små tjärnar i sina armhalor. Nu-
mera är Punkaharju vackert an-
sad, men på sin tid genomgick
åsen hårda öden. Man tvistade
då storligen om att göra åsen till
naturskyddsområde — precis
som man nu tvistar om nya om-
råden. — Dess karaktär ändra-
des sedan av landsväg och järn-
väg och under fösta världskriget
barberade man av militära skäl
bort trädbeståndet.

Finnlands bekanntestes
Touristenziel, den zwischen dem
Pihlajavesi und dem Puruvesi
aufragenden **Punkaharju,** kann
auch der motorisierte Urlauber
mühelos kennenlernen, denn die
Strasse zieht sich in vielen
Windungen von einem Ende
dieses in der Eiszeit
entstandenen, 7 km langen
Landrückens bis zum anderen.
Stellenweise wird der
Landrücken zu einem nur einige
Meter schmalen Streifen, aber
gleich danach wird er breiter
und verbirgt zwischen
Landzungen und in Buchten
kleine Teiche. Heute ist der
Punkaharju gepflegt und schön.
Seine Umwandlung in ein
Naturschutzgebiet war sehr
umstritten, durch den Bau der
Landstrasse und der Eisenbahn
wurde sein Charakter verändert
und während des Ersten
Weltkrieges wurde sein
Waldbestand aus militärischen
Gründen abgeholzt.

Punkaharju, the most famous
objective of tourism in Finland,
rising up between Pihlajavesi
and Puruvesi, can be easily
traversed by auto by driving
along the curves of the
motor-highway from one end to
the other of this seven-kilometer
ridge produced by the ice-age.
At places the ridge narrows to a
formation only a few meters
wide but then spreads out at the
level of the lakeside into wide
labyrinthine projections hiding
little pools in its recesses. At he
present time Punkaharju is well
kept and beautiful but there
were times when it was
threatened by changes. A
highway and a railway were
built in the area. There was
much dispute about its being
turned into a natural preserve
area. During the First World
War its tree-growth was cut for
military reasons.

Saimaan saariin Haukiveden ja Pihlajaveden väliin ahtautuneen 28 000 asukkaan **Savonlinnan** ylpeytenä on Suomen matkailun tunnuskuvana paljon käytetty, v. 1475 perustettu **Olavinlinna,** joka kohoaa vaikeasti valloitettavana vuolaan Kyrönsalmen pienessä saaressa. Paitsi sotilaallisena tukikohtana linna toimi aikanaan vuosisatoja Itä-Suomen hallinnollisena keskuspaikkana. Nykyisen elämän kohokohtia ovat . . .

Den på öar i Saimen mellan Haukivesi och Pihlajavesi inträngda staden **Nyslott,** med 28 000 invånare, bär stolt på det 1475 grundade **Olofsborg,** ofta använd som ett signum för turismen i Finland. Borgen reser sig, svårerövrad, på en liten ö i det strida Kyrönsalmi. Utom som militär stödjepunkt fungerade borgen på sin tid i århundraden som en administrativ centralort i östra Finland. Numera hör till tillvarons höjdpunkter . . .

Der Stolz des auf den Inseln des Saimaa zwischen dem Haukivesi und dem Pihlajavesi eingezwängten **Savonlinna** mit seinen 28 000 Einwohnern ist die im Jahre 1475 gegründete Festung **Olavinlinna,** die auf einer schwer einnehmbaren kleinen Insel im Sund Kyrönsalmi emporragt. Diese Burg diente nicht nur als militärischer Stützpunkt, sondern sie war auch jahrhundertelang das administrative Zentrum von Ostfinnland . . .

The pride of **Savonlinna,** the city of 28,000 inhabitants crammed onto the island of Saimaa between Lake Haukivesi and Lake Pihlajavesi, is the **Olavi Castle,** founded in 1475 and often used as a symbol of Finnish tourism. The castle is on a little island of the Kyrö Strait. The Olavi Castle served not only as a military strongpoint but also for centuries as the administrative center of East Finland . . .

... jokakesäiset oopperaesitykset **Suurella linnanpihalla.** Ne kuuluvat osana heinäkuisiin, jo v. 1912 alkaneisiin — tosin välillä keskeytyneisiin — Savonlinnan Oopperajuhliin, jotka ovat erikoistuneet kamarimusiikkiin ja oopperaan. Monipuolisten, kaupungin lähiseudutkin kattavien juhlien ohjelmassa on konserttien lisäksi mm. kesäteatteria ja taide- ja taideteollisuusnäyttelyjä.

... de varje sommar arrangerade operaföreställningarna på **Stora borggården.** De är en del av Operafestspelen i Nyslott, som arrangerats ända sedan 1912 — dock med avbrott, vid vilka man specialiserat sig på kammarmusik och opera. I det mångsidiga festprogrammet, som också täcker närorterna, förekommer utom konserter bl.a. sommarteater samt konst- och konstindustriutställningar.

... Zu den heutigen Höhepunkten gehören die jeden Sommer stattfindenden Opernvorstellungen im **Grossen Burghof.** Diese sind ein Teil der seit 1912 durchgeführten Opernfestspiele von Savonlinna, die sich auf Kammermusik und Opern spezialisiert haben. Zum Programm der vielseitigen Festspiele, die sich auch auf die Umgebung der Stadt ausdehnen, gehören ausser Konzerten u.a. Sommertheater sowie Kunst- und Kunstgewerbeausstellungen.

... Among the high points of its present use is the summer-opera which is presented annually in the **Great Courtyard** of the castle. The opera performances in the castle are a part of the Opera Festival of Savonlinna, a festival initiated in 1912 which specializes in opera and chamber-music. In addition to concerts and summer-theater there are also art-exhibitions and industrialdesign exhibitions within the framework of the festival.

Vietettyään keväisen vapun asutuskeskuksissa vakaa suomalainen riehaantuu seuraavan kerran vuoden valoisimpaan aikaan juhannuksena — tällä kerralla sankoin joukoin luonnonhelmassa kokkoja poltellen.
Loppukesän rituaaleja on herkuttelu ravuilla eli jokiäyriäisillä, joiden pyynti tapahtuu öisin.

Efter det den i allmänhet allvarliga finnen firat en våryr föstamaj i bostadscentra släpper han sig lös nästa gång på årets ljusaste tid, vid midsommar. Denna gång sker det i stora skaror ute i naturen, där man bränner kokko-brasor.
Till ritualerna under sensommaren hör det att gotta sig med kräftor, dessa älvarnas skaldjur som man fångar in nattetid.

Wenn der im allgemeinen ruhige Finne sein Vappufest am 1. Mai in der Stadt verbracht hat, wird er erst wieder beim Mitsommerfest, am längsten Tag des Jahres, richtig ausgelassen — dann zieht er in hellen Scharen hinaus ins Grüne und verbrennt Strohfeuer.
Zu den Ritualen des Spätsommers gehört das Verschmausen von Flusskrebsen, die in der Nacht gefangen werden.

After having celebrated Vappu, the May Day of Finland, the next occasion for the Finn to engage in festivites in the open air with lots of other Finns is Juhannus, on June 21st, which is midsummer, the longest day of the year or the shortest night. The ritualistic celebrations of the late summer include enjoying crayfish the catching of which is traditionally at night.

Lohensukuinen **muikku** on Suomen järvien arvokala. Saaliit vaihtelevat muutamasta kilosta tarulta tuntuviin mutta totuudessa pysyviin tuhannen kilon kertasaaliisiin. Hyvistä muikkuvesistä saadaan tätä herkkukalaa vuosittain jopa 20 kg hehtaarilta. Ammattinsa taitava perkaa muikkua kymmenen kiloa tunnissa. Muikusta keitetään voivedessä yksi Suvi-Suomen herkuista, rantakala.

Mujkan, som är släkt med laxen, är framförallt de finska insjöarnas värdefisk. Fångsterna varierar från några kilo till ettusen kilo per gång vilket låter som en saga men är sanning. I goda mujkvatten kan man årligen fånga in 20 kg per hektar av denna goda fisk. En yrkeskunnig rensar tio kilo mujkor per timme. Efter rensningen kokar man denna sommarfinlands läckerhet i smörvatten.

Die zur Familie der Lachse gehörende kleine **Maräne** ist vor allem in den Binnengewässern Finnlands zu Hause. Die Beute schwankt von einigen Kilos bis zu fantastisch anmutenden, aber wahren 1000 kg pro Fischzug. In guten Maränengewässern bekommt man jährlich sogar 20 kg pro Hektar von diesem Leckerbissen. Ein Fachmann nimmt zehn Kilo Maränen in einer Stunde aus.

The **muikku,** a tiny whitefish related to the salmon, is an important fish in the Finnish lakes. The catches vary from a few kilos to as much as 1,000 kilos at a time, which seems fantastic but may be quite true. Lakes which are especially good for muikku may yield as much as 20 kilograms per hectare. Muikku prepared with butter is one of the delicacies of the summer menu of Finland.

Pohjois-Savon keskuspaikka, Saimaan laivaliikenteen pohjoinen tukikohta, 75 000 asukkaan **Kuopio** on sijoittunut Kallaveden ympäröimään niemeen, johon nykyisin ajetaan modernia tietä Kallan kuulujen siltojen kautta majakkana **Puijo** ja sen laelta kohoava 75 m korkea torni pyörivine ravintoloineen. Peräti 224 m Kallaveden pintaa korkeammalta katse voi kartoittaa Savonmaata 45 000 km².

Kuopio, med 75 000 invånare är centralort i norra Savolax och nordlig bas för båttrafiken på Saimen. Den har placerat sig på en udde i Kallavesi. Numera kör man in i staden längs en modern väg över Kallas berömda broar med **Puijo** som fyrbåk, där ett torn på ytterligare 75 m med roterande restaurang reser sig. Från 224 m ovanom Kallavesis yta kan blicken kartlägga 45 000 km² av Savolax.

Das Zentrum des nördlichen Savo und Hauptstützpunkt für den Schiffsverkehr im Norden des Saimaa-Gebiets ist **Kuopio** mit seinen 75 000 Einwohnern. Die Stadt liegt auf einer vom Kallavesi umgebenen Landzunge, zu der man heute über die Brücken von Kalla kommt. Als Wegweiser dienen der Berg **Puijo** und der 75 m hohe Turm mit seinem rotierenden Restaurant. Aus einer Höhe von 224 m über dem Kallavesi kann man die Provinz Savo überblicken.

The main city of North Savo and the northern base of the Saimaa boat-traffic is **Kuopio** with its 75,000 inhabitants. The city lies on a tongue of land. One can drive into Kuopio across the famous bridges of Kalla guided by the landmark of mount **Puijo** on the peak of which is a 75-meter high tower. Looking out from over 224 meters above the surface of Kallavesi one can map the 45,000 square meters of Savo.

Itä- ja Pohjois-Suomen liuske-alueella kohoaa kvartsiittivuoria, joiden iäksi on arvioitu lähes kaksi miljardia vuotta. Nämä maailman vanhimpiin kuuluvat vuoret ovat aikanaan yltäneet 6 000—7 000 m:n korkeuteen, mutta monet mullistukset ovat syöneet ne matalammiksi. Lapin Pyhätunturin ja Kainuun Vuoka-tin eteläisempi veli **Koli** kohoaa nykyisin 347 m merenpintaa ja 253 m viereisen Pielisen pintaa korkeammalle. Puuttoman Ukko-Kolin lisäksi mahtavaan vaarajonoon kuuluvat mm. met-säiset Akka-Koli, Paha-Koli ja Ipatti. Laajalla luonnonsuojelu-alueella risteilevät merkityt polut ohjaavat parhaisiin paikkoihin. Läheisen Herajärven rantaan ovat syöpyneet kvartsiittikallioon kuuluisat Kolin aallot. Kolin harteille, Ukon juureen, johtaa maantie ja ylhäällä kohoaa mo-derni hotelli, jonka vierestä pää-see Pielisen rantaan matkailuhis-sillä. Kaupallisen matkailun mo-nipuolisuutta lisäävät lähistön lomakylät ja leirintäalueet. Ko-lilta on laivayhteys Pielisen yli Lieksaan ja Nurmekseen.

På östra och norra Finlands skif-ferområde reser sig kvartsitberg, vilkas ålder uppskattats till nära två miljarder år. Dessa berg, som hör till världens äldsta, har på sin tid nått höjder på 6 000—7 000 meter, men många om-välvningar har gnagat på dem och gjort dem lägre. En sydli-gare bror till Lapplands Pyhä-tunturi och Kainuus Vuokatti är **Koli** som nu reser sig 347 m över havet och 253 m över den närbe-lägna Pielinen. Utom den träd-lösa Ukko-Koli hör bl.a. de sko-giga Akka-Koli, Paha-Koli och Ipatti till den mäktiga bergsked-jan. De utprickade stigarna som korsar det vidsträckta natur-skyddsområdet leder till de bästa platserna. På stranden av Hera-järvi har Kolis berömda vågor frätt in sig i kvartsitberget. Till Kolis skuldror, vid Ukkos rot, leder en landsväg och uppe reser sig ett modernt hotell. Med en turisthiss från hotellet når man Pielinens strand. Här finns se-mesterbyar och campingplatser. Från Koli finns båtförbindelse över Lieksa till Nurmes.

In den Schiefergebieten Ost- und Nordfinnlands ragen Quarzitberge empor, deren Alter auf ungefähr 2 Milliarden Jahre geschätzt wird. Diese Berge gehören zu den ältesten der Welt und erreichten früher eine Höhe von 6 000—7 000 m. Infolge zahlreicher Umschichtungen sind sie jedoch erheblich flacher geworden. Der südliche Bruder des Pyhätunturi in Lappland und des Vuokatti in Kainuu, der **Koli,** steigt heute 347 m über dem Meeresspiegel und 253 m über der Oberfläche des benachbarten Sees Pielinen empor. Ausser dem Ukko-Koli, auf dem keine Bäume wachsen, gehören zu der gewaltigen Bergkette noch die bewaldeten Akka-Koli, Paha-Koli und Ipatti. Das weite Naturschutzgebiet durchziehen mit Wegweisern versehene Pfade, die zu den schönsten Stellen führen. Am Ufer des Sees Herajärvi haben sich die berühmten Wellen des Koli in den Quarzitfels eingefressen. Zum Koli hinauf, an den Fuss des Ukko, führt eine Landstrasse, und oben befindet sich noch ein modernes Hotel, von dem aus man mit dem Touristenlift zum Ufer des Pielinen kommt. Vom Koli besteht eine Wasserverbindung über den Pielinen nach Lieksa und Nurmes.

In the slate-areas of East and North Finland there are quartzite mountains the age of which is estimated at two billion years. These mountains belong to the oldest in the world and earlier reached a height of from 6,000—7,000 meters. As a consequence of many geological shifts they have become considerably more flat. **Koli,** the southern brother-mountain of Pyhätunturi in Lapland of Vuokatti in Kainuu, rises today to a height of 347 meters above sea-level and 253 meters above the surface of the nearby Lake Pielinen. In addition to Ukko-Koli on which no trees grow, there are three forested mountains which belong to the Koli mountain-chain, Akka-Koli, Paha-Koli and Ipatti. The extensive surrounding nature-preserve area is crossed by paths with sign-posts which direct one to the most beautiful places. On the shore of the nearby Herajärvi lake the famous "waves of Koli" have eaten into the quartzite rock. There is a highway to the shoulders of Koli, leading to the base of Ukko-Koli and high up there is a modern hotel from beside which one can go to the Pielinen beach by tourist-elevator. There is a water-connection from Koli over Lake Pielinen to Lieksa and to Nurmes.

Vaarojen pitäjäksi mainitun **Sotkamon** tunnetuimmalle näköalapaikalle, peninkulmaisen kvartsiittiselänteen pohjoisimmalle vuorelle, **Vuokatille,** 326 m, pääsee autotietä pitkin katsomaan Kainuun järvimaisemia. Pitkistä hietikoista ovat kuuluisimpia Hiukan matalat hiekkarannat. Vuokatti oli ennen Kainuun kansan merkkitulipaikka, vihollisesta kertova — nyt sen juurella on kymmenkunta eritasoista lomailukeskusta.

Sotkamo kallas skogshöjdernas socken och till den bäst kända utsiktspunkten här, det nordligaste berget inom den milsvida kvartsitbergsryggen, **Vuokatti,** 326 m, kommer man längs en bilväg och kan betrakta Kainuus sjölandskap. Hiukkas låga sandstränder är berömda. Vuokatti var tidigare en signaleldsplats för folket i Kainuu, som gav alarm om fienden — nu ligger där vid dess fot ett tiotal semestercentra med olika servicenivå.

Zum bekanntesten Aussichtsplatz im als Gemeinde der Berge bezeichneten **Sotkamo,** dem nördlichsten Berg eines langen Quarzitbergrückens, dem **Vuokatti,** 326 m, gelangt man auf einer Autostrasse, wobei man die Seenlandschaften von Kainuu bewundern kann. Der Vuokatti war früher eine Stelle, von der aus die Bevölkerung mit Feuerzeichen vor heranrückenden Feinden gewarnt wurde — heute befinden sich an seinem Fuss etwa zehn Ferienzentren.

The most famous vantagepoint of **Sotkamo,** is **Vuokatti,** 326 meters high, the northernmost mountain of a long quartzite mountain-ridge. One can reach Vuokatti along an autoroad from which the lakecountry of Kainuu can be admired. The sand-beach of Hiukka is among the most famous of the long sandstretches of Finland. Vuokatti was formerly the vantage place from which the people were warned by fire-signals of the approach of the enemy.

Puolangan kunnassa vaihtelevan maaston halki virtaileva Heinijoki intoutuu juoksunsa puolimaissa 24-metriseksi **Hepokönkääksi,** joka kuivan kauden aikaan laimenee moneksi pikku-uomaksi rosoisessa kallioseinämässä. Varta vasten matkailijoille rakennettu parikilometrinen tienpätkä päästää autoilijankin koskella käymään. Hepokönkään lähellä on vaeltajille hyviä vaaramaita.

Heinijoki, som flyter genom det växlande landskapet i **Puolanka** socken, entusiasmeras i sitt mittersta lopp till det 24 meter höga **Hepoköngäs,** ett vattenfall som under torrtiden mattas av till många småfåror i den skrovliga bergsväggen. Enkom för turisterna har man byggt en vägstump på ett par kilometer som gör det lätt att besöka forsen. I närheten av Hepoköngäs finns lämpliga bergskullar för vandrare.

Der Fluss Heinijoki, der durch die abwechslungsreiche Landschaft der Gemeinde **Puolanka** fliesst, wird in seinem Mittellauf auf einmal zum 24 m hohen **Hepoköngäs,** der sich während der trockenen Zeit in vielen kleinen Rinnsalen über die unebene Felsenwand schlängelt. Ein speziell für Touristen gebauter 2 km langer Wegabschnitt erlaubt auch dem motorisierten Urlauber, einen Abstecher zu diesem Wasserfall zu machen.

The Heinäjoki River flows through the variegated landscape of the **Puolanka** district and comes in mid-course to the 24-meter high **Hepoköngäs** falls over which in a dry period it pours in a number of little rivulets. A two-kilometer long road enables even persons who do not think of themselves as hikers to traverse the area. The Hepoköngäs falls are in hill country which is ideal for hiking.

Tukkien kuljetuksen siirtyessä syrjäseuduillakin vesistä maanteille alkoivat uittojätkien moninaiset taidot hävitä. Vielä parikymmentä vuotta sitten satapäiset miesjoukot uittelivat kesän mittaan metsien rikkaudet pienistä latvapuroista lähtien meren rannikolle suurten jokien suihin; työ joka vaati kuntoa ja taitoa. Vanhoja taitoja elvytetään nykyisin eri puolilla maata kesän mittaan järjestettävissä **tukkilaiskisoissa.** Tukkimiehen valassa tasapainoillaan tukilla ja seremonioihin kuuluu jopa vedenjuonti. Sauvomisessa soljutetaan vene vastavirtaan koskenniskalle mahdollisimman nopeasti. Rullauksessa voittaa kauemmin tukilla pysyvä. Koskenlasku yhdellä tukilla ratkaisee usein kisan. Koillismaan valtavirta **Iijoki** on **Pudasjärvellä** vuosittain **tukkilaiskisojen** aitona näyttämönä.

Då transporten av stockar också i avlägsna bygder flyttades från vattendragen till landsvägarna började stockflottarnas mångsidiga skicklighet försvinna. Ännu för ett tjugotal år sedan flottade hundrahövade skaror av män om somrarna skogarnas rikedomar från små bäckars övre lopp till havets strand; ett arbete som krävde god fysik och skicklighet. Dessa åldriga färdigheter återupplivas nuförtiden vid **stockflottningstävlingar,** som anordnas under sommaren på olika håll i landet. I det prov som kallas stockflottarens ed balanserar man på stocken och till ceremonierna hör också att dricka vatten. Vid stakningen överhalar man båten motströms så snabbt som möjligt upp till forsnacken. Vid rullningen vinner den som längst hålls kvar på stocken. En forsfärd på en stock avgör oftast tävlingsleken. Den största strömfåran i Koillismaa, **Iijoki** är i **Pudasjärvi** årligen spelplats för forsfararnas tävlingar.

Als der Transport der Baumstämme vom Wasser auf die Landstrasse verlegt wurde, begannen die vielfachen Fertigkeiten der Flösserburschen zu verschwinden. Noch vor 20 Jahren flössten Gruppen bis zu 100 Mann die Schätze der Wälder von den hochgelegenen Bächen zu den Mündungen der grossen Flüsse am Meeresufer, eine Arbeit, die sowohl körperliche Kraft als auch Geschicklichkeit erforderte. Die alten Fertigkeiten werden heute bei den im Sommer veranstalteten **Flösserwettbewerben** wieder ins Leben gerufen. Wenn der Flösser seinen Eid ablegt, balanciert er auf Baumstämmen und versucht, nach vorne gebeugt, ohne sich festzuhalten, Wasser zu trinken. Beim Staken wird das Boot so schnell wie möglich gegen den Strom hinaufgetrieben. Beim Rollen gewinnt derjenige, der am längsten auf dem Baumstamm bleibt. Die Fahrt von den Stromschnellen herab auf einem einzigen Baumstamm entscheidet oft den Wettbewerb. Der grosse Strom **Iijoki** in Koillismaa bei **Pudasjärvi** gibt oft den echten Hintergrund für die **Flösserwettbewerbe** ab.

With the shifting of the transporting of logs from the waters of even the outlying areas to roads the variegated skills of the log-floaters began to disappear. As late as twenty years ago there were teams of a hundred men or so floating the logs down to the sea, to the mouths of the great rivers — the work required strength and skill. These old skills are being kept alive today in a number of **log-floating contests** organized every summer in various parts of Finland. The ceremony of 'taking the log-floater's oath' involves balancing on a log and bending over to try to take a drink of water without holding fast. In poling races the boat is pushed up stream against the current to the starting-point of the falls as quickly as possible. The log-rolling contest is won by the contestant who manages to stay upright on the log. The final event of the games is frequently the challenge of riding the rapids standing on one log. The strong current of the **Iijoki River** in Koillismaa at **Pudasjärvi** is frequently the authentic stage for the log-floater competitions.

Pohjoinen Suomi tarjoaa etelän ihmisen kummasteltavaksi vahvassa vuotisessa rytmissään myös valon omituisen ilmiön. Mitä lähemmäksi napapiiriä uskaltaudutaan sitä selvemmäksi valon ja varjon suuri leikki kehkeytyy. Mutta myös vuorokautinen vaihtelu hämmästyttää: kesäaurinko maalaa maiseman eri aikoina hyvin eri tavoin kuin lohduttaakseen talvella pitkään harmauteen joutuvaa maata.

Norra Finlands starka årsrytm bjuder människan från söder någonting som väcker förvåning — ljusets underliga fenomen. Ju närmare polcirkeln man vågar sig dess tydligare blir den stora leken mellan ljus och skugga. Men också dygnets variationer förvånar; sommarsolen målar landskapet vid olika tidpunkter på ett mycket varierande sätt, liksom för att trösta landet, som vid vintertid råkar in i en lång gråperiod.

Nordfinnland bietet dem Menschen aus dem Süden auch eine einzigartige Lichterscheinung. Je weiter man sich an den Polarkreis herantraut, desto klarer wird das Zusammenspiel zwischen Licht und Schatten.
Auch die Abwechslung im Laufe von 24 Stunden ist erstaunlich: die sommerliche Sonne färbt die Landschaft zu verschiedenen Zeiten ganz verschieden, als ob sie das Land für die Dunkelheit im Winter entschädigen wollte.

North Finland offers those who come from the south an unforgettable experience in the phenomena of light. The further one ventures toward the Arctic Circle the more one is affected by the interplay of light and shadow.
But there is also a surprising variation within a single day. The summer sun paints the landscape in very different ways at different hours, as if to comfort the land for having undergone the long grayness of the winter.

Nykyisin **Kuusamon Rukatunturilta,** 462 m, avautuu näkymä, missä luonto säätelee itse itseään, missä joet juoksevat ylpeinä kanjoneissaan ja missä järvet välkehtivät luonnollisin rannoin. Mutta voisi olla toisinkin: 1950-luvulla riehuneessa koskisodassa voimayhtiöt halusivat valjastaa tekniikan rattaisiin sekä Kuusamon että Posion vedet.
Lopulta luonnonystävät voittivat ja kiistellyille alueille perustettiin Oulangan kansallispuisto.

Från **Rukatunturi,** 462 m, **i Kuusamo** öppnar sig nuförtiden en utblick, där naturen reglerar sig själv, där älvarna flyter stolta i var sin kanjon och där sjöarna med sina naturliga stränder glittrar. Med det kunde vara annorledes: I det på 1950-talet utkämpade forskriget ville kraftverken binda både Kuusamos och Posios vatten i teknikens hjul. Naturvännerna segrade till slut och på de omstridda områdena grundades Oulanga folkpark.

Heute bietet sich von dem Fjäll **Rukatunturi,** 462 m, eine Aussicht, wo die Flüsse ungebändigt durch ihre Cañons brausen und die Ufer der Seen hell aufleuchten. Es könnte aber auch anders sein: in den 50er Jahren dieses Jahrhunderts entbrannte ein Stromschnellenkrieg, bei dem die Energiegesellschaften sowohl die Wasser von **Kuusamo** als auch die von Posio für die Technik nutzbar machen wollten.
Zum Schluss siegten Naturfreunde und der Nationalpark von Oulanka wurde gegründet.

At the present time the height of **Rukatunturi,** 462 meters, provides a view of unspoiled nature in **Kuusamo** where rivers run proudly in their canyons and the lakes sparkle. But it could have been otherwise: during the 1950's the electric companies wanted to harness the waters both of Kuusamo and Posio to the wheels of industry.
The wiles of the companies were resisted by the naturelovers and finally the Oulanka National Park was established in the disputed area.

Kuusamolainen loma voi olla leppoisaa, onnekasta lekottelua saunomisineen tai sydäntä sykyttävää, pelonsekaista vauhdittelua kanjoneissa. **Kitkajoen** nelikilometrinen **koskenlaskureitti** on yksi Suomen vaikuttavimmista. Pohjolan marjojen kuningatar, soilla ja korpimailla kasvava lakka, hilla, suomuurain on todellinen herrojen herkku sekä paikallisen väestön loppukesäinen ansiolähde.

En semester i Kuusamo kan vara gemytlig, ett lyckosamt drönande och bastubadande eller också hjärteklapprande, fyllt av fruktan-ingivande fartglädje i kanjontrakterna. Den fyra kilometer långa **forsfararrutten** längs **Kitkajoki** är en av Finlands mest anslående.
Drottningen bland Nordens bär, det i kärren och ödeskogarna växande hjortronet, som på finska har många namn, är verkligen en läckerhet för finsmakaren och utgör under senare delen av sommaren en inkomstkälla för befolkningen i trakten.

In Kuusamo kann der Tourist einen unbeschwerten Urlaub verbringen, er kann aber auch an halsbrecherischen Stromschnellenfahrten teilnehmen. Die 4 km lange **Stromschnellenroute von Kitkajoki** gehört zu den eindrucksvollsten in Finnland. Die Königin unter den nordischen Beeren, die in Mooren und Bruchwäldern wachsende Sumpfbrombeere, ist ein Leckerbissen und am Ende des Sommers eine einträgliche Erwerbsquelle für die einheimische Bevölkerung.

A vacation in Kuusamo can be restful, combining happily lazing about and taking saunas, or it can be a heart-pounding adventure in speed in the gorges, not unmixed with sensations of fear. **Shooting the rapids** in the four-kilometer stretch in the **Kitkajoki** river is one of the most breathtaking experiences one can have in Finland.
The queen of the berries of the northland, the cloudberry, growing in the swamps and the backwoods, is a real delicacy for the delectation of the visitor, as well as a welcome source of income for the local population in late summer.

Omassa yksinäisyydessään ko-
hoavan Suomen eteläisimmän
suurtunturin, Kemijärven ja Pel-
kosenniemen rajalla sijaitsevan
Pyhän, seitsenkilometrisen selän-
teen katkaisevat mahtavat kurut
moneksi, kauas näkyväksi laeksi.
Pikkukuruksi nimitetty laakso
esittelee edustavasti maailman
vanhimpiin kuuluvaa jäännös-
vuorta. Kiviaines, kvartsiitti, on
muodostunut muinaisen meren
hiekasta; miljoonien vuosien ta-
kaisten **merien aallot** ovat jäh-
mettyneet tunturin juureen.
Pyhä on aikanaan erottanut Suo-
men ja Lapin, ja vasta 1760-lu-
vulla uudisasukkaat saivat viral-
lisen luvan tunkeutua varsinai-
seen Saamenmaahan. Mutta jo
1600-luvulla Lapin apostoliksi
kutsuttu E.M. Fellman kastoi
Pyhänkasteenlampeen putoavassa
purossa Sompion lappalaisia
kristinuskoon. Pyhätunturilla on
Lappi pienoiskoossa, ja harvinai-
sen eläimistön ja kasvillisuuden
säilyttämiseksi on perustettu
kansallispuisto. Entisestä erä-
maan rauhasta kertoo mm. **Py-
hänkasteenlampi.** Pyhätunturin
välittömässä läheisyydessä on
useita eritasoisia lomapaikkoja.

Finlands sydligaste **storfjäll Py-
hätunturi** reser sig i ensamt ma-
jestät, dess sju km långa fjäll-
rygg bryts av mäktiga raviner i
många toppar, som syns långvä-
ga. En dal som kallas **Pikkukuru**
visar bergrester som hör till värl-
dens äldsta. Stenämnet, kvartsi-
ten, har bildats av strandsanden
på forntida hav; **havets vågor**
från miljoner år tillbaka har
stelnat vid fjällets rot. Pyhätun-
turi har på sin tid skiljt åt Fin-
land och Lappland, och först på
1760-talet fick nybyggarna offi-
ciellt tillstånd att tränga in i
egentliga Sameland. Men redan
E.M. Fellman, Lapplands apos-
tel, döpte på 1600-talet i en
bäck som sprang ned från **Py-
hänkasteenlampi** (Det heliga do-
pets tjärn) Finlands lappar. På
Pyhätunturi möter vi Lappland
i miniatyr och för att bevara
dess sällsynta djur- och växt-
värld har man kring fjället grun-
dat en nationalpark. Om öde-
markens forna frid berättar bl.a.
Pyhänkasteenlampi. I omedelbar
närhet av Pyhätunturi finns se-
mesterplatser på olika service-
nivå.

Den 7 km langen Bergrücken
des einsam aufragenden
Pyhätunturi, des südlichsten von
den grossen Fjälls in Finnland,
zerteilen gewaltige Schluchten
in mehrere weithin sichtbare
Gipfel. Bei dem **Pikkukuru**
genannten Tal findet man einen
der ältesten Restberge der Welt.
Dieser Berg besteht aus
Quarzfels, der aus dem Ufersand
eines alten Meeres entstanden
ist. Die **Wellen** der **Meere** sind
vor Millionen Jahren am Fusse
des Fjälls erstarrt. Der
Pyhätunturi trennte früher
Finnland von Lappland, und erst
in den 60er Jahren des 18.
Jahrhunderts erhielten die
Neusiedler die offizielle
Erlaubnis, in das eigentliche
Lappland vorzudringen. Der als
Apostel Lapplands bezeichnete
E.M. Fellman hatte allerdings
schon im 17. Jahrhundert die
Lappen von Sompio in dem in
den Teich **Pyhänkasteenlampi**
herabstürzenden Bach getauft.
Die Gegend um den Pyhätunturi
ist wie Lappland im
Kleinformat, und zur Erhaltung
der seltenen Tier- und
Pflanzenwelt wurde hier ein
Nationalpark gegründet. Von
der paradiesischen Ruhe
vergangener Zeiten legt u.a. der
Teich **Pyhänkasteenlampi**
Zeugnis ab.

The great gullies of **Pyhätunturi,**
the southernmost of the great
fells of Finland, break its
seven-kilometer long ridge into
many peaks, visible from afar.
Pyhätunturi is located on the
edge of Kemijärvi and
Pelkosenniemi. A valley named
Pikkukuru (little gully) presents
one of the oldest residuehills in
the world. The mineral element,
quartzite, has been formed out
of the beach-sand of an ancient
sea; the **waves of the sea** from
millions of years ago have
congealed at the base of the fell.
Pyhätunturi in a previous time
separated Finland and Lapland,
and only during the 1760's did
the new settlers of Finland
receive official permission to
enter into Saamenmaa, the land
of the Lapps. But as early as the
1600's. E.M. Fellman, who was
called the apostle of Lapland,
baptized the Lapps of Sompio
into the Christian faith in the
brook of **Pyhänkasteenlampi**
(Pond of Holy Baptism).
Pyhätunturi is Lapland in
miniature, and a national park
has been established there to
preserve the rare animal and
plant life. **Pyhänkasteenlampi**
gives a picture of the agelong
peace of the wilderness. In the
immediate vicinity of
Pyhätunturi there are a number
of vacationing-places of different
levels.

30 000 asukkaan **Rovaniemi,** Lapin läänin monipuolinen keskus on noussut Lapin sodan täydellisestä tuhosta moderniksi taajamaksi, joka levittäytyy akateemikko Alvar Aallon luoman asemakaavan pohjalta mahtavan Kemijoen molemmille rannoille. Kaupungin keskustasta on maankuululle **napapiirin majalle,** kuuluisuuksien käyntipaikalle, vain kahdeksan kilometriä. Kesällä Lapin portiksi kutsuttu Rovaniemi on todellinen kansainvälinen matkailijain kohtaamispaikka, jonka monet hyvätasoiset hotellit, motellit ja retkeilymajat

tarjoavat monipuolisia palveluja ja ohjelmaa. Leirintäalue sijaitsee kaupungin sydämessä näköalapaikka **Ounasvaaran,** 203 m, juurella joen rannalla. Entinen kuuluisa kaupungin halkaiseva Ounasjoki on nyt hiljalleen soluva suvantovesi, joka juoksuttaa Lapin metsiä kohti Kemin teollisuutta.

Rovaniemi med 30 000 invånare, ett mångsidigt centrum i Lapplands län, har rest sig ur den fullständiga ödeläggelsen under kriget i Lappland (1944) till en modern tätort, som utbreder sig på var sida om Kemi älv enligt akademiker Alvar Aaltos stadsplan. Från centrum är det endast ca 8 km till **polcirkelstugan** där många berömdheter gästat. Rovaniemi som kallats Lapplands port, är sommartid en verklig träffpunkt för internationella turister. Många hotell, motell och turisthyddor med god servicenivå bjuder mångsidiga

tjänster och program. Campingplatsen befinner sig i hjärtat av staden, vid foten av utsiktsplatsen **Ounasvaara,** 203 m, vid älvens strand. Ounaskoski som ligger mitt i staden var förr en välkänd fors, nu rinner detta spakvatten långsamt och transporterar Lapplands skogar mot industrierna i Kemi.

Rovaniemi hat 30 000 Einwohner und ist das vielseitige Zentrum des Regierungsbezirks Lappland. Die Stadt hat sich nach der völligen Zerstörung im Krieg zu einem modernen Siedlungszentrum entwickelt, das sich auf der Grundlage des von Alvar Aalto entworfenen Rentiergeweih-Bebauungsplanes an beiden Ufern des breiten Kemijoki ausdehnt. Vom Zentrum der Stadt sind es nur 8 km bis zur **Hütte** am **Polarkreis,** dem Treffpunkt vieler Berühmtheiten. Im Sommer ist das als Tor nach Lappland bezeichnete Rovaniemi ein wirklich internationaler Touristenplatz, dessen erstklassige Hotels, Motels und Jugendherbergen einen vielseitigen Service anbieten. Das Campinggelände liegt am Fusse des Berges **Ounasvaara.** Der früher berühmte Ounaskoski ist heute ein geruhsam dahinfliessendes Gewässer, das die Schätze der lappischen Wälder zu den Industriebetrieben in Kemi befördert.

Rovaniemi is a city 30,000 inhabitants and is the administrative center of Lapland. After almost complete destruction at the end of the war it has been rebuilt as a modern community on both sides of the Kemi River in accordance with the plans of Alvar Aalto, member of the Academy of Finland. It is eight kilometers from the center of the city to the famous **Polar Hut.** In summer Rovaniemi, which has been called the Gateway to Lapland, is a real international tourist-center offering a whole series of variegated programs and services. A camping-area is located in the center of the city at the base of **Ounasvaara,** 203 meters high, alongside the river. The formely famous Ounas Rapids cutting through the city is now a quietly gliding stream which taps the woods of Lapland for the industry of Kemi.

Lapin viimeisimmän kultaryntäyksen näyttämö, **Lemmenjoki,** on nyt rauhoittumassa, vain muutama erakkokaivaja asustaa seudulla. Lemmenjoen ammattikaivajat Yrjö Korhonen ja Niilo Raumala hylkäsivät entiset valtauksensa, muuttivat maantien varteen ja perustivat ehkäpä koko maailmassa ainutlaatuisen turistikaivannon **Tankavaaraan, Sodankylän** kirkolta sata kilometriä pohjoiseen.

Platsen för den senaste guldrushen i Lappland, **Lemmenjoki** (Kärleksälven) ligger nu lugn, endast några eremiter bor och gräver guld här. Yrkesguldgrävarna Yrjö Korhonen och Niilo Raumala övergav sina inmutningar här, flyttade intill landsvägen och grundade en i hela världen enastående turistgruva etthundra km norrut från **Sodankylä kyrka,** i **Tankavaara.**

Der Schauplatz des letzten Goldfiebers in Lappland, der **Lemmenjoki,** kehrt allmählich in seinen ehemaligen friedlichen Zustand zurück, nur einige wenige Goldgräber wohnen noch in dieser Gegend. Die berufsmässigen Schürfer vom Lemmenjoki Yrjö Korhonen und Niilo Raumala haben bei **Tankavaara** 100 km nördlich von **Sodankylä** eine auf der ganzen Welt einmalige Schürfstelle für Touristen gegründet.

Lemmenjoki, the scene of the last Lapland gold-rush, has now calmed down with only a few lone prospectors still living in the area as hermits. Two of the professional gold-miners of Lemmenjoki, Yrjö Korhonen and Niilo Raumala, renounced their previous digs, moved to the edge of the highway and established what is perhaps the world's only tourist gold-mine at **Tankavaara,** one hundred kilometers to the north of **Sodankylä.**

Suomen luoteeseen työntyvä käsivarsi jää Jäämerestä 27 km:n päähän, mutta tavoittaa kuitenkin Skandinavian mahtavan Kölivuoriston ja sen yli kilometriset tunturit. Äärimmäisen kylän, **Kilpisjärven,** vieressä kohoaa Suomen tunnetuin tunturi **Saana,** 1 029 m, muinainen pyhä palvontapaikka sekin.

Den från Finland mot nordväst skjutande armen når riksgränsen 27 km från Ishavet, men den träffar ändå på Skandinaviens mäktiga Köl med dess mer än kilometerhöga fjäll. Intill den by som ligger närmast gränsen, **Kilpisjärvi,** reser sig Finlands bäst kända fjäll, **Saana,** 1 029 m. Också det i forna tider en helig plats för kultiska ceremonier.

Der nach Nordwesten ausgestreckte Arm Finnlands hört 27 km vor dem Eismeer auf, aber er berührt trotzdem Skandinaviens gewaltiges Köli-Gebirge und dessen kilometerlange Fjälls. Beim Dorf **Kilpisjärvi** ragt der 1 029 hohe **Saana,** Finnlands bekanntester Fjäll, empor. Er ist ebenfalls eine alte Kultstätte.

The arm of Finland extending to the northwest falls 27 kilometers short of the Arctic Ocean, but it does reach the Scandinavian peninsula's mighty mountain range, Köli, the fells of which are over a kilometer high. Beside the farthest village, **Kilpisjärvi,** rises the best-known fell of Finland, **Saana,** 1,029 meters high, it too an ancient place of worship.

Jylhin, karuin Suomi esittäytyy **Saanan** laakealta laelta, jonne ei onneksi pääse hissillä. Pari peninkulmaa pitkän, siioistaan kuulun Kilpisjärven takana kohoavat **Mallatunturit,** jotka kuuluvat kasviharvinaisuuksien hallitsemaan luonnonpuistoon; liikkumista on suuresti rajoitettu. Kilpisjärven lähellä on Suomen, Ruotsin ja Norjan rajan kulmaus, Kolmenvaltakunnan rajapyykki, suosittu käyntikohde.

Det mest storvulna, kargaste Finland kan vi betrakta från **Saanas** flata topp. Bakom den ett par mil långa, för sin sik berömda Kilpisjärvi reser sig **Mallatunturit** som hör till en naturpark, rik på botaniska rariteter; rörelsefriheten är här kraftigt begränsad. Nära Kilpisjärvi ligger gränspunkten mellan Finland, Sverige och Norge, det populära utflyktsmålet Treriksröset.

Den düstersten und kargsten Eindruck von Finnland erhält man vom flachen Gipfel des **Saana** herab. Hinter dem 20 km langen, für seine Felchen berühmten Kilpisjärvi ragen die **Mallasfjälls** empor. Die Bewegungsfreiheit ist hier weitgehend eingeschränkt. In der Nähe des Kilpisjärvi grenzen Finnland, Schweden und Norwegen aneinander an. Der hier aufgestellte Dreiländer-Grenzstein ist ein beliebtes Ausflugsziel.

The Wildest and most rugged impression of Finland is gained from the flat top of **Saana.** Behind the twenty-kilometer long Lake Kilpisjärvi, there rise the **Malla** fells which are part of a nature-preserve. Near Kilpisjärvi is the point where Finland, Sweden and Norway come together and the so-called 'Three-country Boundary-stone' is a favorite objective for an excursion.

Luonnon syksyinen värikkyys, **ruska,** ilahduttaa jo Etelä-Suomessakin, mutta todella erikoiseen loistokkuuteen se yltää Lapissa. Kesällä lehtivihreä peittää lehtien muut väriaineet, kellanpunaisen karotiinin ja keltaisen ksantofyllin, mutta syksyisten kylmien aikana lehtivihreä kulkeutuu kasvin varteen varastoon tulevaksi kesäksi. Tällöin pääsevät värit hehkumaan ja kaiken lisäksi solunesteessä syntyy sinipunaista antosyaania kuivina ja kylminä syksyinä.

Naturens höstliga färgrikedom, **ruska,** kan glädja oss redan i Södra Finland, men till en verkligen speciellt glans når den i Lappland. Om sommaren täcker det bladgröna de övriga färgämnena i bladen, det rödgula karotinet och det gula xantofyllinet, men under den kalla tiden på hösten förs det bladgröna in i växtens skaft, för förvaring till nästa sommar. Färgerna blir då glödande och till råga på allt uppkommer det i cellvätskorna blårött antosyan speciellt under torra och kalla höstar, då ruskan är mer än vanligt bländande.

Die herbstliche Farbenpracht der Natur erfreut schon in Südfinnland das Auge des Betrachters, aber ihren wirklichen Höhepunkt erreicht die **ruska**-Zeit erst in Lappland. Im Sommer verdeckt das Blattgrün die anderen Farbstoffe der Blätter, aber während der herbstlichen Kälte wandert es in den Stiel der Pflanze. Dann brechen die anderen Farben durch, und in einem trockenen und kalten Herbst entsteht in der Zellflüssigkeit blaurotes Anthozyan, was die Landschaft noch farbenprächtiger erscheinen lässt.

The special colorfulness of nature in the fall, called **ruska** in Finnish, is a delight not only in South Finland but it attains a special splendour in Lapland. In the summer the green chlorophyl in the leaves covers over all the other color-elements, the yellow-red karotine and the yellow xantophyl, but during the cold autumn periods the chlorophyl passes back into the plant to be stored for the coming summer. This leaves the other colors to glow and in addition in the cell-fluids there appears the blue-red antosyane in dry and cold autumns and then the **ruska** is more striking than ordinarily.

Kesän oudoksuttavan valoisuuden ja syksyn häikäisevän ruskan jälkeen luonto rauhoittuu hetkessä, vaipuu raskaaseen talviuneen. Kilpisjärven ja Inarin korkeudella punahehkuinen aurinko näyttäytyy taivaanrannassa viimeisen kerran marras—joulukuun vaihteessa ja nousee uudelleen tammikuun puolivälissä. Pohjoisimmassa kunnassa Utsjoella pitkää hämärää, **kaamosta,** kestää yli 50 vrk. Mutta pohjoinen viikkokausien mittainen yö ei ole pimeä: eteläisellä taivaalla hehkuvat värit keskipäivällä useita tunteja, ja pimeyttä lai-

mentavat muuna aikana valkoiset hanget, tähdet ja kuu, ja hyvin yleiset, voimakkaat revontulet, Pohjoisessa yössä näkyvät varjotkin! Kaamos laimentaa myös ihmisen elämää, mutta työ jatkuu; poroerotukset tuovat vastapainoksi vauhdikasta värikkyyttä.

Efter sommarens sällsamma ljusintensitet och höstens bländande ruska lugnar sig naturen plötsligt och faller i tung vintersömn. På höjd med Kilpisjärvi och Enare visar sig den rödglödande solen vid horisonten för sista gången då november skiftar i december och stiger så på nytt upp i mitten av januari. I den nordligaste socknen Utsjoki varar den långa skymningen, **kaamos,** mer än 50 dygn. Men den veckolånga natten i norr är inte helmörk: på den sydliga himlen glöder färgerna flera timmar vid middagstid, och andra tider av dygnet

dämpar de vita drivorna mörkret, liksom också stjärnorna, månen och de mycket vanliga, kraftiga norrskenen. Under natten här i norr ser man också skuggorna! Kaamos dämpar ned människornas leverne, men arbetet fortgår; renskiljningarna ger som motvikt fartfylld färggrannhet.

Nach der Helligkeit des Sommers und dem Flammenmeer im Herbst beruhigt sich die Natur schnell und versinkt in einen tiefen Winterschlaf. Auf der Höhe von Kilpisjärvi und Inari erscheint die rotglühende Sonne Ende November oder Anfang Dezember zum letzten Mal am Himmel und taucht erst Mitte Januar wieder auf. In der nördlichsten Gemeinde Utsjoki dauert die **Polarnacht** über 50 Tage. Aber die wochenlange Nacht im Norden ist nicht dunkel: am südlichen Himmel leuchten mittags stundenlang Farben auf, und die Finsternis wird auch sonst durch die weissen Schneefelder, die Sterne, den Mond und die alltäglichen Nordlichter aufgehellt. Während der Polarnacht verläuft auch das Leben der Menschen ruhiger als sonst, aber die Arbeit geht weiter. Die Rentierscheidungen bringen einen farbenfrohen Kontrast in die düstere Zeit.

After the enchanting luminousness of summer and the strikning colorfulness of the autumn **ruska** nature sinks into the deep sleep of winter. At the latitude of Kilpisjärvi and Inari the red-glowing sun appears on the horizon for the last time at the end of November or the beginning of December and does not rise again until the middle of January. In the northernmost commune, Utsjoki, the long dark sunless period, called the **kaamos,** lasts for over 50 days. But the night which lasts for weeks in the North is not dark; the glowing colors of the southern horizon appear for several hours in mid-day and the darkness is relieved the rest of the time by white snow, the stars and the moon, and the very frequent appearances of bright northern-lights. The **kaamos** period does have a depressing effect on people but work goes on: in Lapland the reindeer round-ups bring with them a lot of colorfulness to compensate for the **kaamos.**

Etelässä traktori on syrjäyttänyt hevosen, pohjoisessa moottorikelkka poron. Poro on viime vuosina kuitenkin valjastettu uudelleen matkailun kaipaamiin valjaisiin.
Alkutalven poroerotukset ovat lapinkansan suuri ja värikäs elonkorjuujuhla: pohjoisten metsien ja tuntureitten 300 000-päisestä karjasta teurastetaan vuosittain 60—70 000 eläintä.

I söder har traktorn undanträngt hästen, i norr har motorkälken undanträngt renen. Under de senaste åren har man dock på nytt spänt för renen och nu främst med de seltyg som turismen har krävt.
Renskillningen i början av vintern är en stor och färgrik skördefest för folket i Lappland; man slaktar årligen 60—70 000 djur av den boskap på 300 000 huvuden, som rör sig i de nordliga skogarna och på fjällen.

Im Süden hat der Traktor das Pferd verdrängt, im Norden der Motorschlitten das Rentier. In den letzten Jahren ist das Rentier für Touristen wieder eingespannt worden.
Die Rentierscheidungen zu Beginn des Winters sind für die Lappen ein farbenfrohes Fest: von den 300 000 Tieren in den Wäldern und auf den Fjälls werden jährlich 60—70 000 geschlachtet.

In the south the tractor has displaced the horse; in the north the motor-sled has displaced the reindeer. In recent years, however, the reindeer has been re-harnessed for the purposes of tourism.
The reindeer round-ups in early winter are a large and colorful harvest festival for the Lapps. Of the 300,000-head herds of the northern forests and fells, 60—70,000 animals are slaughtered annually.

Maaliskuun puolivälissä, Marianpäivänä, saamenkansan vanhana juhlapyhänä, kokoontuu **Enontekiön Hettaan** väenpaljous, jonka mukana entiset ajat tapoineen ja asusteineen eläväittävät pienen kirkonkylän muutamiksi päiviksi. Soinnikas saamenkieli voittaa suomen, väki kokoontuu kirkonmenoihinsa, markkinoillensa, kilpailee poronajossa ja suopunginheitossa. Lapinmiehen puukko, jykevä leuku, kiiltelee kevättalven kirkkaudessa ja katse kiintyy myös taidokkaisiin poronvaljaisiin. Pukujen kuvioinnista ja väreistä voi päätellä mistä päin Lappia kukin on; saamenkansa ei tunne Suomen,

Ruotsin ja Norjan rajoja niin ahdistavina kuin muut asukkaat. Saamelaista sitoo toiseen yhteinen, erikoinen elinkeino, poronhoito, mutta ennen kaikkea huoli saamelaisuuden tulevaisuudesta.

I mitten av mars, på Marie bebådelsedag, en gammal samisk festlig helgdag, samlas massor av folk i **Hetta vid Enontekis.** Där ger de några dagar liv åt forna tiders seder och dräkter, i den lilla kyrkbyn. Det klangfulla samiska språket vinner över finskan, folket samlas till kyrkgång, till marknad, man tävlar i renskjuts och i att kasta lasso. Lapparnas puukkokniv, den bastanta lappkniven glimmar i vårvinterns klarhet och blicken fästes också vid de konstförfarna renseldonen. Av figurerna och färgerna på dräkterna kan man bedöma varifrån i Lappland var och en kommer, samefolket känner inte

gränserna mellan Finland, Sverige och Norge så besvärande som andra invånare. Samerna har sitt speciella näringsfång, renskötseln, som sammanbindande faktor men framförallt omsorgen om det samiskas fortbestånd.

Mitte März am Marientag, dem alten Festtag der Lappen, versammelt sich das Volk in **Hetta** bei **Enontekiö,** und die alten Bräuche und Trachten erwecken das Kirchdorf für einige Tage zu neuem Leben. Die klangvolle lappische Sprache verdrängt das Finnische, das Volk versammelt sich zum Kirchgang und auf dem Marktplatz, und es werden Wettkämpfe im Rentierfahren und Lassowerfen veranstaltet. Das stabile Lappenmesser blitzt auf, und der Blick bleibt an den kunstvoll verfertigten Rentiergeschirren haften. An den Mustern und Farben der

Trachten kann man erkennen, aus welcher Gegend Lapplands der Einzelne kommt. Für das lappische Volk sind die Grenzen nicht so eng wie für die anderen Bewohner des Nordens. Die Lappen bindet ihr gemeinsames Gewerbe, die Rentierzucht, und vor allem die Sorge um die Zukunft der lappischen Kultur aneinander.

In the middle of March, on Mary's Day, the traditional day of celebration of the Lapps, there is a great popular gathering at **Hetta** in **Enontekiö** and the customs and dress of former times enliven the little church-village for several days. The resounding Lappish speech displaces Finnish, the people gather for church ceremonies, for the market, for competitions in reindeer-driving and for throwing the lasso. The **puukko,** the knife of the Lapp man, is much in evidence. The harness of the reindeer is artfully arranged. From the patterning and color of his dress one can

tell from what part of the land of the Lapps a particular Lapp comes from. The Lapps are not so much concerned as to whether they are in Finland, Sweden or Norway — they are still Lapps, although somewhat differently dressed. What binds the Lapps together is their common mode of life, the care of reindeer, but they are also united by concern regarding the future of the Lappish folk.

PITKÄNEN, Matti A., s. 1930, valokuvaaja FRPS (1959), akateemikko (1982).

Ulkomaiset valokuvajärjestöjen jäsenyydet ja arvot
The Royal Photographic Society of Great Britain 1952-, jossa Associated (ARPS) -tutkinto 1953 ja Fellow (FRPS) tutkinto 1959. The Photographic Society of America 1954-, jossa 5 Star Exhibitor of PSA -tutkinto mustavalkoisilla kuvilla 1963 ja 4 Star Exhibitor of PSA -tutkinto värikuvilla 1975.

Ulkomaiset valokuvanäyttelyt
Yksityisnäyttelyt Saksan liittotasavallassa 1965, Jugoslaviassa 1967, Tsekkoslovakiassa 1967, Belgiassa 1967, 1970 ja 1976, Ranskassa 1968, Ruotsissa 1969, Italiassa 1969, 1972 ja 1975, Uudessa-Seelannissa 1970, Puolassa 1974, Neuvostoliitossa 1975, Englannissa 1978 ja Unkarissa 1979.
Osallistunut n. 700 kansainväliseen valokuvanäyttelyyn kaikkialla maailmassa vuosina 1952—1979, joissa on ollut näytteillä n. 1250 mustavalkoista ja n. 400 värivalokuvaa. Näissä näyttelyissä saanut 50 kulta-, 25 hopea- ja 30 pronssimitalia, lisäksi muita erikoispalkintoja ja n. 75 kunniakirjaa.

Kotimainen toiminta
Helsingin Kameraseuran jäsen 1949-, pj. 1964—65, Valtion kamerataidetoimikunnan jäsen 1968—70. Yksityisnäyttelyt Helsingissä vuosina 1959, 1963, 1966, 1967, 1969, 1971, 1972 ja 1977. Valtion 3-vuotinen taiteilija-apuraha 1974—76, valtion taiteilijapalkinto 1967, 1971 ja 1981. Helsingin kaupungin Helsinki-palkinto 1975. Weilin+Göösin kirjailijapalkinto 1978. Uudenmaan läänin ½ -vuotinen apuraha 1980. Taiteen keskustoimikunnan kohdeapuraha 1981. Suomalais-norjalaisen kulttuurirahaston apuraha 1981. Suomalais-ruotsalaisen kulttuurirahaston apuraha 1981. Suomalais-islantilaisen kulttuurirahaston apuraha 1984.

Julkaisut
Seitsemän auringon yö (1966), Iltakirjaimia (1968), Valkoturkki (1970), Suurkuha (1972), Suomalainen maisema (1973), Suomalaisia kuvia (1975), Virrat (1977), Luonnonkaunis Suomi (1977), Suomalainen järvi (1978), Merikalastajat (1978), Helsinki (1979), Talvimaisema (1979), Tunski (1979), Valokuvaajan päiväkirja (1980), Hetkiä merellä (1981), Lappi (1981), Poropoika (1982), Peten onkimatka (1983), Lapin värit (1983), Navetan eläimet (1984), Veeran kukkaseppele (1984), Poromiehet (1984), Kauneimmat maisemat (1984), Inkojen lastenlapset (1984), Sinivalkoinen Suomi (1985), Kissanpennun kesä (1985).

PITKÄNEN, Matti A., f. 1930, fotograf FRPS (1959), akademiker (1982).

Medlemskap i utländska foto-organisationer och lärda grader
The Royal Photographic Society of Great Britain 1952-, vid vilken Associated (ARPS) -examen 1953 och Fellow (FRPS) -examen 1959. The Photographic Society of America 1954-, vid vilken 5 Star of Exhibitor of PSA -examen med svartvita bilder 1963 och 4 Star Exhibitor of PSA -examen med färgbilder 1975.

Utländska fotoutställningar
Separat utställningar i Tyska förbundsrepubliken 1965, Jugoslavien 1967, Tjeckoslovakien 1967, Belgien 1967, 1970 och 1976, Frankrike 1968, Sverige 1969, Italien 1969, 1972 och 1975, Nya Zeeland 1970, Polen 1974 och Sovjetunionen 1975, England 1978 och Ungern 1979.
Har deltagit i ca 700 internationella fotoutställningar överallt i världen under åren 1952—1979, härvid exponerat ca 1250 svartvita och ca 400 färgfotografier. Erhållit 50 guld-, 25 silver- och 30 bronsmedaljer under dessa utställningar, dessutom andra specialpris och ca 75 hedersdiplom.

Verksamhet i hemlandet
Medlem i Helsingfors Kamerasällskap 1949—, ordf. 1964—65, medlem i Statens Kamerakonstkommission 1968—70. Separat utställningar i Helsingfors åren 1959, 1963, 1966, 1967, 1969, 1971, 1972 och 1977. Statens 3-åriga konstnärsstipendium 1974—76, statens konstnärspris 1967, 1971 och 1981, Helsingfors -pris 1975. Weilin+Göös' författarpris 1978, Nylands läns halvårsstipendium 1980, Centralkommissionens för konst projektstipendium 1981. Finsk-norska kulturfondens stipendium 1981. Finsk-svenska kulturfondens stipendium 1981. Finsk-isländska kulturfondens stipendium 1984.

Publikationer
Seitsemän auringon yö (Sjusolsnatten) 1966, Iltakirjaimia (Kvällsbokstäver) 1968, Valkoturkki (Den vitpälsade) 1970, Suurkuha (Jättegösen) 1972, Suomalainen maisema (Det finländska landskapet) 1973, Suomalaisia kuvia (Finland i bild) 1975, Virrat (Virdois) 1977, Luonnonkaunis Suomi (Det natursköna Finland) 1977, Suomalainen järvi (Finland — Sjöarnas land) 1978, Merikalastajat (Havsfiskare) 1978, Helsinki (Helsingfors) 1979, Talvimaisema (Vinterlandskapet) 1979, Tunski 1979, Valokuvaajan päiväkirja (En fotografs dagbok) 1980, Hetkiä merellä (Stunder på havet) 1981, Lappi (Lappland) 1981, Poropoika (Renpojken) 1982, Peten onkimatka (Peters metfärd) 1983, Lapin värit (Lapplands färger) 1983. Navetan eläimet (Djuren i fähuset) 1983, Veeran kukkaseppele (Veeras blomsterkrans) 1984, Poromiehet (Renskötarna) 1984, Kauneimmat maisemat (De vackraste landskapen) 1984, Inkojen lastenlapset (Inkafolkets barnbarn) 1984, Sinivalkoinen Suomi (Det blåvita Finland) 1985, Kissanpennun kesä (Kattungens sommar) 1985.

PITKÄNEN, Matti A., geb. 1930, Fotograf FRPS (1959), Ehrenmitglied der Finnischen Akademie (1982).

Mitgliedschaft in ausländischen fotografischen Organisationen und Diplome
The Royal Photographic Society of Great Britain 1952-, das Associated (ARPS)-Examen 1953 und das Fellow (FRPS) -Examen 1959. The Photographic Society of America 1954-, das 5 Star Exhibitor of PSA-Examen mit Schwarzweissaufnahmen 1963 und das 4 Star Exhibitor of PSA-Examen mit Farbaufnahmen 1975.

Fotoausstellungen im Ausland
Privatausstellungen in der Bundesrepublik Deutschland 1965, Jugoslawien 1967, Tschechoslowakei 1967, Belgien 1967, 1970 und 1976, Frankreich 1968, Schweden 1969, Italien 1969, 1972 und 1975, Neuseeland 1970, Polen 1974, Sowjetunion 1975, England 1978 und Ungarn 1979.
Teilnahme an etwa 700 internationalen Fotoausstellungen überall in der Welt 1952—1979 mit ca. 1250 Schwarzweiss- und ca. 400 Farbaufnahmen. Dabei wurden errungen: 50 Gold-, 25 Silber- und 30 Bronzemedaillen, ausserdem andere Sonderpreise und etwa 75 Ehrenurkunden.

Tätigkeit im Inland
Mitglied der Kameravereinigung Helsinki 1949-, Vorsitz 1964—65, Mitglied des Staatlichen Kamerakunstausschusses 1968—70. Privatausstellungen in Helsinki 1959, 1963, 1966, 1967, 1969, 1971, 1972 und 1977. Staatliches Kunststipendium für 3 Jahre 1974—1976, Staatlicher Kunstpreis 1967, 1971 und 1981. Helsinki-Preis der Stadt Helsinki 1975. Autoren-Preis Weilin+Göös 1978. Stipendium der Provinz Uusimaa für ½ Jahr 1980. Projektstipendium des Zentralausschusses für Kunst 1981. Stipendium des Finnisch-Norwegischen Kulturfonds 1981. Stipendium des Finnisch-Schwedischen Kulturfonds 1981. Stipedium des Finnisch-Isländischen Kulturfonds 1984.

Veröffentlichungen
Seitsemän auringon yö (Die Nacht der sieben Sonnen) 1966, Iltakirjaimia (Abendbuchstaben) 1968, Valkoturkki (Der weisse Pelz) 1970, Suurkuha (Der große Zander) 1972, Suomalainen maisema (Die finnische Landschaft) 1973, Suomalaisia kuvia (Finnland in Bildern) 1975, Virrat 1977, Luonnonkaunis Suomi (Finnland — das Land der Mitternachtssonne) 1977, Suomalainen järvi (Finnland — ein Land der Seen) 1978, Merikalastajat (Seefischer) 1978, Helsinki 1979, Talvimaisema (Winterlandschaft) 1979, Tunski (1979), Valokuvaajan päiväkirja (Tagebuch eines Fotografen) 1980, Hetkiä merellä (Augenblicke auf dem meer) 1981, Lappi (Lappland) 1981, Poropoika (Der Rentierjunge) 1982, Peten onkimatka (Pete geht zum angeln) 1983, Lapin värit (Lappland in Farben) 1983, Navetan eläimet (Tiere im Stall) 1983, Veeran kukkaseppele (Veeras Blumenkranz) 1984, Poromiehet (Rentierzüchter) 1984, Kauneimmat maisemat (Die schönsten Landschaften) 1984, Inkojen lastenlapset (Die Enkel der Inkas) 1984, Sinivalkoinen Suomi (Blauweisses Finnland) 1985, Kissanpennun kesä (Der Sommer des Kätzchens) 1985.

PITKÄNEN, Matti A., born in 1930, Photographer, FRPS (1959), Academician (1982).

Memberships and Citations in Photography Associations abroad
The Royal Photographic Society of Great Britain 1952-, Associate (ARPS) 1953; Fellow (FRPS) 1959. The Photographic Society of America 1954-, 5-star Exhibitor (black-and-white photographs) 1963; 4-star Exhibitor (color photographs) 1975.

Photographic exhibitions abroad
Private exhibitions in West Germany in 1965, Yugoslavia in 1967, Czechoslovakia in 1967, Belgium in 1967, 1970 and 1976, France in 1968, Sweden in 1969, Italy in 1969, 1972 and 1975, New Zealand in 1970, Poland in 1974, the Soviet Union in 1975, Great Britain in 1978 and in Hungary 1979, Participation in some 700 international photography exhibitions all over the world 1952—1979, exhibiting about 1250 black-and-white and over 400 color-photographs. Received 50 gold-medals, 25 silver-medals and 30 bronze-medals in these exhibitions as well as other special prizes and over 75 diplomas.

Activities in Finland
Member Helsinki Camera Society 1949-, Chm. 1964—65, Member State Photography Committee 1968—70. Private exhibitions in Helsinki in 1959, 1963, 1966, 1967, 1969, 1971, 1972 and 1977. State 3-year Artist Grant 1974—76, State Artist Prize 1967, 1971 and 1981. City of Helsinki-Award 1975. Weilin+Göös Writer's Prize 1978. Uusimaa Province ½-year Grant 1980. Finnish Arts Council Grant 1981. Grant from the Finnish-Norwegian Foundation 1981. Grant from the Finnish-Swedish Foundation 1981. Grant from the Finnish-Icelandic Foundation 1984.

Publications: Books
Seitsemän auringon yö (Night of the Seven Suns) 1966. Iltakirjaimia (Letters of Evening) 1968, Valkoturkki (The White Fur) 1970, Suurkuha (The Giant Pike) 1972, Suomalainen maisema (The Finnish Landscape) 1973, Suomalaisia kuvia (Finland in Pictures) 1975, Virrat 1977, Luonnonkaunis Suomi (Finland — The Land of the Midnight Sun) 1977, Suomalainen järvi (Finland — a Land of Lakes) 1978, Merikalastajat (The Sea Fishermen) 1978, Helsinki 1979, Talvimaisema (Winter Landscape) 1979, Tunski 1979, Valokuvaajan päiväkirja (A Photographer's Diary) 1980, Hetkiä merellä (Moments at Sea) 1981, Lappi (Lapland) 1981, Poropoika (Reindeer Boy) 1982, Peten onkimatka (Pete's Fishing Trip) 1983, Lapin värit (Lapland's Colours) 1983, Navetan eläimet (Farmyard animals) 1983, Veeran kukkaseppele (Veera's Floral Crown) 1984, Poromiehet (The Lapps and their Reindeer) 1984, Kauneimmat maisemat (The Pick of the Finnish Landscape) 1984, Inkojen lastenlapset (Grandchildren of the Incas) 1984, Sinivalkoinen Suomi (Blue-and-white Finland) 1985, Kissanpennun kesä (Kitten's Summer) 1985.